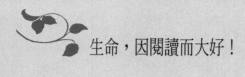生命，因閱讀而大好！

生命，因閱讀而大好！

就要積極點！
－50招讓孩子主動上道

葉青藤 著

積極，是個好習慣！

國立臺灣師範大學教育心理與輔導學系系主任

陳李綢

　　每個孩子都是父母的寶貝，父母對子女有關心，關懷與期待，不僅關心孩子的健康，也關懷孩子是否快樂的成長，期待每個孩子將來都有美好前與成就！但是父母的關心與期待，常會造成親子互動的衝突點，也是造成孩子成長的壓力來源！

　　當我開始擁有孩子時，我希望他們健康快樂，但也希望他們跟隨父母的安排與期望成長，但是當他們長大後，在千變萬化的環境中，遇到困難與挫折，他們開始覺得為什麼他們不能自主獨立做自己想要做的事情？學習自己想學的東西？他們覺得父母的期望與栽培是為他們好，但是事與願違時，期望變成壓力！因此，父母難為；但是，孩子的成長歷程與經歷，也是父母成長的經驗，也是生命的泉源，更是生活的意義！

　　《給我積極點！50招，讓孩子主動上道》這本書是教導父母親面對孩子時，以正向積極的態度與孩子互動，從自己的愛心與用心出發，營造孩子成長的快樂氛圍；應用欣賞、鼓勵與讚美方式，建立孩子的正確行為，給孩子快樂的學習方法，以樂觀、正向的心理接受孩子的失敗與錯誤；提供孩子的支持，給予正確的同儕互動經驗；允許孩子編織夢想，並且勇於追求夢想，父母與孩子共同成長、共同分享美麗的經驗與生活！

　　本書可提供父母與老師做為閱讀的參考，多了解成長中孩子的心理與想法，使用恰當方式與孩子良性互動，讓我們的孩子真正快樂的成長！

就要積極點，別再說「卡緊咧」了！

　　本書書名《就要積極點！50招讓孩子主動上道》，是以父母的口吻（心理狀態）為出發點，呈現趣味、比較情境的方式，仔細分析孩子在成長過程中的特徵和心理特點，總結出提高孩子積極力的50個方法，分10個章節加以敍述。這些方法，符合一般的教育規範，注重從心理入手，從基礎提高孩子的積極力，同時也提供技術和細節上的指導，具有非常輕鬆又有效的實用性。另外，在敍述的過程中也列舉了膾炙人口的名人故事，希望藉此激勵家長與老師，透過生命的不同歷鍊，讓孩子們提高積極力，見賢思齊。

　　本書可讀性強，對於提高孩子的積極力具有指導意義，是每個望子成龍的家長不可錯過的好幫手。參考書中有趣又有效的好方法之後，親愛的家長，您一定也會以不同的眼光看待孩子——因為你就要積極點，別再說「卡緊咧」、「嘜攔去ㄨㄚ啦！」。

　　每個孩子，都是我們的希望！他們的未來，其實就掌握在家長的手中。衷心希望能夠和家長們一起，為把孩子們培養成為明天的棟樑進行不懈的探索！

目錄

contents

第四章 快樂學習，功效百分百

第五章 「失敗」，是最好的老師 | 077

第十章 做一位「伯樂」家長 | 169

就要積極點

第1招
愛要說出口，才叫愛

身為父母，一定要明確地向孩子表達你的愛，讓孩子知道你是多麼愛他們，並希望他們能夠開心、快樂地成長，並激起孩子的感恩和回報之心。

　　毫無疑問，每位家長都受過很好的教育，都愛自己的孩子，即使經濟不景氣，再省也不省孩子的補習費、才藝課程費，為了孩子的幸福拚命加班，縮衣節食，不辭勞苦。相信在每個家長的心底，孩子永遠是最重要的。常言道：「滴水之恩當湧泉以報」，但事實上，藏在家長心底對孩子的愛，卻時常換來孩子的不領情，甚至小小的厭煩。他們會說：「我的媽媽總是愛嘮叨，爸爸總是板著臉，好煩人。」、「又是作文課、英文課，還要彈鋼琴……何時才能去看心愛的《歌舞青春》電影？」

　　全心全意地付出卻不討孩子的喜歡，這樣的結果無論是誰都難以

接受。每次遇到相似的狀況，家長們都會長歎一口氣：「我花了大把鈔票，這孩子，什麼時候才能懂事啊？」但除了無奈，又能怎麼辦？類似的事情仍然每天重覆著。不妨收回你的歎氣，換個角度想想：孩子為什麼體會不到好意，甚至把你的關愛當成囉嗦呢？

答案只有一個，就是愛的表達出了問題。

表達會有什麼問題？心裡關愛難道還不夠嗎？台灣有相當多的父母的腦中，一直存在這個疑問。其實，任何關愛都要透過表達來傳達。好的表達，會使家長和孩子之間更加親密。但是家長與孩子畢竟有年紀的差距，如果表達不夠或表達方式不能被孩子所理解，那麼這種「說不出的愛」將可悲地成為「愛的障礙」，甚至是誤會的根源。長年累月用種種錯誤的表達方式──窺探隱私、冷嘲熱諷、大爆粗口甚至情緒失控拳腳相向……加諸在孩子身上，「愛」的副作用可想而知！

千萬不要看輕「正確表達」的重要性！

此外，有些家長可能會後悔於在孩子小時候疏於表達。眼看著孩子一天天長高，心智一天天趨於成熟，現在補上「把愛說出來」這一課還來得及嗎？請放心，毫無保留地向孩子表達愛，永遠不會過時！比如，許多媽媽在孩子年幼時就訓練培養他們獨立堅強的性格，結果卻矯枉過正，把和孩子的親密感一併抹殺。只要意識到這一點，儘管孩子已經長大了，父母仍可以補救。像是當孩子靠到你身邊，不要再以「你長大了」、「別撒嬌」和「別耍賴」為名把他們推開，試著擁抱孩子，甚至在晚上孩子擠到身邊時，讓他們貼近你睡上一會兒；送小孩上學時，快快樂樂手牽手，來個愛的擁抱。只要有那麼一次，孩

子就會深深地體會到親情的暖意。

當心中為孩子的茁壯成長感到欣慰之時，不要再只是想，把它大膽地說出來：「寶貝，你越來越可愛了！」「看了半天，還是我家的孩子最漂亮！」「我的兒子真懂事，都會幫媽媽做家事呢。」這些讚美的語言都有一個共性──讓孩子感到它們是發自你內心的。

如果你想多瞭解一些愛的表達法，不妨看一看美國賓州布林莫爾學院(Bryn Mawr College)父母中心的指導者──哈麗雅特博士所制訂的「表達愛的檢查表」，各位家長可以對照此表每天檢查，看看對孩子的愛是不是表達正確了：

表達愛的檢查表

請你跟我這樣說	你也可以這樣做
1‧對孩子說「我愛你」	如同所有的示愛語一樣，「我愛你」也可換為「你真可愛」、「我為你感到驕傲」等等。
2‧溫柔地撫摸孩子	請注意孩子對撫摸的反應和喜好，如果你的孩子不喜歡別人摸他的頭，就不要勉為其難。
3‧關心孩子的行蹤與交友	關心，不意味著以家長的名義監視孩子的所有行為，留給孩子「私密空間」也是必須的。
4‧告訴孩子對與錯的標準	作好孩子的榜樣，強化孩子的是非觀念是更重要的一步。
5‧在孩子進步時馬上誇獎	哪怕他只是學會了給土司抹奶油，或是自己打開飲料罐，也不要吝惜你的讚美。
6.詢問孩子的意見	有效溝通並及時回饋，是建立親子關係的第一步。
7‧耐心回答孩子的問題	切忌粗暴敷衍，哪怕從孩子口中說出的話，在你看來是天下最愚蠢的問題。
8‧適當地讓孩子承擔任務	在孩子看來，「委以重任」是你對他們信任的明證。

請你跟我這樣說	你也可以這樣做
9‧對孩子因勢利導	人本來稟賦各異，強行「培養」並不能使五音不全的孩子超越知名男高音卡瑞拉斯。
10‧尊重孩子的人格	請記住！諷刺、嘲弄和打罵，是快速摧毀孩子人格的最好武器。

第2招
充分尊重
孩子的自主性

要提高孩子的積極性，必須從尊重孩子開始，如果父母總是把自己的意願強加給孩子，而不顧及孩子的感受，那麼要提高積極力便無從培養起。

還在繈褓裡，嬰兒就和媽媽分床睡，

還沒上幼稚園，幼兒就有自己的房間，

小學還沒畢業，就開始給鄰居送報紙賺取生活費，

高中入學那年，和夥伴們出國旅行，

大學還沒畢業，自己開的公司已經初具規模……

你能想像嗎？這就是不少美國小孩的成長路徑。

我們總是羨慕美國人的高品質生活和自由不羈的性格，但是你可曾想過，這與他們在幼時培養的自主性都是分不開的。從小重視孩子

的自主權，讓孩子學會做自己的決定，並獨立地解決各種問題──這便是美國父母給孩子最好的一份成長大禮。

西風東漸的速度總是超乎人們想像的，轉眼間，「尊重孩子自主性」被台灣的父母當作掛在嘴邊的教育箴言。但實際上，又有多少小孩子真正擁有自主權呢？

對自主和獨立的要求，是小孩子趨向成熟的表現，多數家長卻只認為他們「不聽話」、「不懂事」。在孩子與父母意見發生衝突時，父母不要急於否定、責罵，而是要心平氣和地與孩子「談判」。讓他們明白，有自己的想法是件好事，但是要說出足夠的理由，才能被別人認同。這樣「談判」的結果，儘管孩子的想法可能還是會被否定，但重要的是「民主」的問題解決方式，會在孩子的腦中生根發芽。

拿最簡單的三餐問題來說，在許多家庭，吃飯就像一場戰爭，甚至還有爸爸媽媽追著餵孩子吃飯。家長可能是出於好心，害怕孩子只想看電視不想吃飯，而導致營養不良。但事實上，現代的孩子反而是營養過剩的多，有時不想吃飯有時純粹是因為他們不餓。另外，寶寶到了二、三歲時，生長速度會比前一段減緩，胃口降低，「挑食」現象也隨之出現。當寶寶對某種食物不感興趣時，媽媽千萬不要強迫他，因為孩子有自主選擇吃什麼的權力。雖然「挑食」會引起營養吸收不均衡，但其實每個人都有食物上的偏好。媽媽們不妨以另一種方式關心寶寶的健康，譬如用牛奶替代他不喜歡喝的優酪乳，或用新鮮的柳丁代替果汁……等等。

但家長們也應該看到，小孩子的處事經驗和智力發展畢竟尚未成熟，更多時候還是需要長輩的幫助。因此，父母可不要以為「自主」

就是「完全放任」，而是應該對孩子的要求進行理性的分析。舉個例子，國小的孩子想要買一份生日禮物給最好的朋友，出於珍惜友誼的角度本是無可厚非，但若他要買一套價格不菲的周杰倫DVD作為禮物，就應及時制止。父母必須告訴孩子，他經濟尚未獨立，凡事要量力而為。更重要的，是讓他明白父母不會無限度地滿足他的要求，也不能做他一輩子的靠山。自己想要的東西，還是要靠自己的努力去得到。

當然，父母在保障孩子自主性的同時，還要防止孩子為了滿足自己而誤入歧途。以上面想用周杰倫DVD作禮物的孩子為例，如果他事先對朋友做了承諾，但卻由於家長的反對沒有實現，那麼他有可能會用不正當手段來履行承諾——偷拿家裡的錢，甚至偷拿同學的錢——這當然比買好幾百元的禮物要嚴重得多。

當父母發現孩子有這種情況時，要立刻予以教育，杜絕這種行為再次發生。不過，教育中應該切忌打罵，否則只會激起孩子的叛逆心態，原本孩子只是單純為了得到想要的東西，家長不由分說便是一頓痛罵，只會讓孩子惱羞成怒，無法從這個事情上學到好的人生功課。

就要積極點

告訴孩子
「你很重要」

讓孩子充分認識到自己的價值和重要性，並激勵他們努力實現自己的價值，以提高他們的積極力。

你的孩子是不是很著迷《星光大道》這個爆紅的電視節目？我的一個朋友即將送唸國一的小孩出國留學，那個小孩說出國前，最大心願是能夠去參加星光大道的比賽。

時代真的變了！曾幾何時，我們的孩子真的勇於show自己了。

然而，我們仍要指出在華人傳統教育中普遍存在的現象。從小到大，我們受到的教育比較鼓勵：「謙虛是美德」、「我只是團體中的渺小成員」、「我不是最重要的」等等。台灣近十餘年的教育改革則比較著重鼓勵學生勇於展現自己的多元才華，像小學常在每學期有才藝發表會，中學則有童軍大露營，許多孩子非常期待這種像party一樣的課程。

但是，還是有些高成就的父母慣用「為什麼我可以上台大、你卻是只能上『台大補習班』？」、「別人家孩子超優的」與「自己家孩子超爛的」相比，常常把「你看人家多會唸書／鋼琴彈得多好／多會畫畫……」掛在嘴邊，比來比去，盡是對孩子失望、抱怨的情緒。但父母可曾知道，這種消極暗示會對孩子的內心產生嚴重的傷害。當孩子聽慣了這樣的暗示，就會慢慢以實際行動證明「我真的不行」，久而久之，孩子眼中的自信光芒就漸漸消失，不管做什麼，他的內心深處總有個聲音提醒自己停住向前的腳步，因為「我並不重要」。這種覺得自己毫無價值的感覺，就是讓許多孩子自信心不足的根源。教育專家指出，一個孩子的成長需要5000次以上的肯定。真正懂得表達愛的父母會時時向孩子投以肯定的目光，他們會讓孩子在這種肯定中，漸漸地實現自我肯定，進而發展出自信心。

　　台灣Google的業務總經理張成秀，在她所著的《從女工到Google台港業務總經理》一書中就提到，小時候雖然家道中落，但是母親總是讚美她：「成秀，妳好棒。」使得她始終保持永不放棄、逆境也能發光的動力，成為科技界少見的女性主管，最後成為Google台灣分公司的首任業務總經理。

　　天下沒有兩片一模一樣的樹葉，孩子也不會有擁有一摸一樣的特點。既然每個孩子的思維、習慣、興趣等都各不相同，我們又何必強求一樣的發展軌跡和人生目標呢？每個孩子的寶貴之處就在於他的與眾不同，我們要學會欣賞孩子的獨特性，每一點光，每一點亮，都需要家長的肯定。

　　告訴孩子「你很重要」、「你與別人一樣出色」，這是開啟孩子

心靈寶藏的一把金鑰匙，不要吝惜你的話語，要知道，你對孩子所說的話，也會讓孩子感覺到「我很重要」。

「我很重要」這個觀念，最好在孩子的日常生活中漸進式地灌輸。像是拍一張孩子競賽優勝的紀念相片，並把這張相片加上相框鄭重其事地放在客廳、孩子的房間裡、冰箱門上或者掛在餐桌的正上方……即使有一天你忘記提醒他的重要，他也能看到他在父母心中的「光輝」形象；有空時，不妨握住孩子的手，和孩子進行一次「優點會談」，每握住他的一根手指就說出他的一個重要之處，孩子會發現自己原來如此重要，即使用兩隻手也數不完呢！

有一句教育名言是這樣說的：「讓每個孩子都抬起頭來走路。」但是為什麼還是有那麼多的孩子走路總是低著頭呢？這就是為什麼《星光大道》那麼受歡迎的原因：平凡人有一天也能成為大明星。最主要的原因，就是他們缺乏自信心。做父母的必須有這樣的信念：哪怕所有人都看不起我的孩子，我們也應該包容他、給他擁抱、為他鼓掌，因為在我心目中，他是最棒和最重要的。

2008年北京奧運八金得主菲爾普斯（Micheal Phelps）的母親就說過：「要看孩子有的，不要看孩子沒有的。」她的信念使得原本是過動兒的飛魚菲爾普斯竟然締造人類運動史上的超級新紀錄。任何微小的成功，都能增強人的自信。當孩子做對一道測驗，洗淨一雙襪子，打好一個雞蛋，扣好一枚鈕扣……都會有「我很重要」的喜悅感。作為家長，一定要記得及時讓他知道自己是有用處的，讓他們在一個個的小小成功中，累積自信。

告訴孩子
「我永遠信任你」

父母的信任是孩子信心的原動力。那就給孩子足夠的信任吧！
讓他們拋開顧慮，放開手腳，自由自在地成長。

　　孩子牙牙語唱時，爸爸不耐煩地說：「天啊！不要再唱了，簡直比烏鴉叫還難聽。」

　　孩子拿回99分的考卷叫家長看時，爸爸粗魯地說：「沒考100分，還有臉叫我看？」

　　孩子主動幫助媽媽洗碗，媽媽頭都不抬地說：「走開走開，別給我幫倒忙！」

　　仔細回想一下，你是否也在無意中對孩子說過類似的話呢？一項對於國小學生「誰是你最信任的人」的調查顯示，學生們最信任的人物依序為：爸爸，同學，媽媽。親生母親竟然排在同學之後！這個結

果簡直令天下的媽媽們傷透了心。但現實中，這種看似荒謬的結果並非完全沒有依據。很多孩子說：「媽媽老是不相信我，所以我也不相信她。」孩子對自己最親近的人居然是這樣的感受，不能不引起父母的反思。當我們老是用質疑的眼光看孩子時，是否也該想想，這樣會令孩子產生什麼樣的心理變化？要知道，想得到孩子的信任，首先就要懂得信任孩子。

讓我們再看另外一個例子：一九九六年，美國有一位身無分文的青年，在一個偶然的機會中接觸到了電子商務，並且一下子就看中了這個領域。但唯一的難題是，資金從哪裡來呢？他首先想到的是父母，當時他父母的所有積蓄是三十萬美元的養老金。當聽了兒子創業的打算，他的父母只是商量了一下，就痛快地把錢交給了兒子，並說道：「我們並不知道什麼是電子商務，但不管怎麼樣，我們相信你──我們的兒子！」這位青年就是現在個人財富已達到一○五億美元的亞馬遜書店首席執行官──貝佐斯（Jeff Bezos）。貝佐斯的成功，固然和自身的能力和獨特的眼光有密切關聯，但是他的父母不是也同樣偉大嗎？他們能毫不猶豫地拿出自己半生積蓄來投資一個他們完全不瞭解的領域，由此可見親子之間的信任有多麼深厚了。

信任孩子──很容易變成一句口號式的空話。很多家長往往認為孩子年紀還小，什麼事都不懂，所以對孩子的許多行為都不放心，巨細靡遺地過問和指導。當孩子做得不夠好或是失敗時，他們更是不肯放手，一定要第一時間衝上前去批評和指責。久而久之，孩子會發現自己在家長面前無法表現出自己的能力，由此漸漸形成一種強烈的缺乏自信──總是認為自己沒有能力獨立完成一件事情。

另外，像國際知名的周星馳，當年是以丑角出身進影壇，當時沒有人看好他，但是周星馳卻說「當丑角當得好，一樣也可以成為大明星！」他高度的自信，當然也因為他有力挺他的母親。

一位家庭教育專家指出：「教育的真正奧秘，就在於堅信孩子『你可以』。」其實，孩子從懂事開始，便有了自己的思想，就跟成人一樣，渴望被理解、尊重以及信任。每個孩子心靈深處最強烈的需求便是受到成人們的賞識和肯定，而父母則是能給他們這種肯定的最佳人選。對於孩子敏感的心靈來說，哪怕是父母一次不經意的表揚，一個小小的鼓勵，都會讓他開心很久，甚至像上文所說的例子一樣，一件小事就會改變孩子今後的人生。

但是我們也應該看到，信任孩子並不意味著相信孩子說的、做的總是對的。孩子在成長的過程中仍然需要家長的愛護、支援和幫助。這時候，信任他們意味著我們對他們要更有耐心，並透過一些行之有效的辦法與孩子合作解決問題。比如：和孩子做個深入的溝通、開一場民主的家庭會議……等等。

家長與孩子畢竟是兩代人，在家長眼中，孩子的某些表現或行為往往讓他們感到不解或是尷尬：不遵守承諾、玩到全身髒兮兮、對著書本打瞌睡……其實，回想孩提之時，我們不是也做過同樣的事情嗎？所以不必為此煩惱或粗暴地對待孩子，而應運用適當的方法激勵他們擺脫那些不良習慣，要相信孩子的習慣是可以改變的，並不一定永遠都如此。

孩子內藏的潛力巨大，做父母的一大任務，就是在孩子成長路上為他們鼓掌加油、歡呼喝采。讓孩子自己去體會成功和失敗的滋味，

讓他們自己學著從摔倒過的地方爬起來，一步一步地實現心中的理想。不妨把心放得寬一點，學學貝佐斯的父母對自己的孩子展現完全的信任。下一次，當你的孩子想要獨立完成某件事的時候，請記得告訴他：「孩子，放手去做吧！我信任你。」

告訴孩子：
「想做！就去做！」

不要以為孩子只喜歡自娛自樂，事實上，他們渴望的眼睛中時刻期待著你的肯定。

《海角七號》是台灣影史上最賣座的電影之一，當初開拍時，導演魏德聖已經窮得身無分文，只好請老婆當人頭向銀行借錢，她老婆的話：「你是有夢想的人，你想做，就去做吧！」成為他投身電影界的最大動力。

興趣是對某些事物的喜好和偏向，面對自己有興趣的事情，人們往往會全心投入並樂在其中。不要以為小孩子是完全的白紙，他們也有自己的興趣，而且這些興趣往往帶有更濃厚的個人和感性色彩。如果我們細心觀察，從孩子牙牙學語時，他們就會顯示出不同的偏好：有的喜歡塗鴉，有的喜歡唱歌，有的喜歡做手工，有的喜歡拆裝小機械……孩子的興趣幼苗一旦破土而出，家長就應該細心引導和精心呵

護，不要讓其因「雜草」侵擾而枯萎。

然而，孩子們的興趣，在家長眼中並不總是那麼「可愛」。比如，有很多小女孩在童年時期喜歡給玩具娃娃做衣服，她們往往會心血來潮地搬出一堆破布，擺弄上大半天，把家裡弄得亂七八糟。而我們的家長呢？眼看著自己精心整理好的床鋪和屋子被弄得零亂不堪，忍不住會埋怨、指責孩子。其實，愛做手工不正是女兒心靈手巧的表現嗎？孩子們在這種遊戲中，不僅增強了動手的能力，還能發展自己的創造性思維，而且還會陶冶審美情趣。縱使她們手工製作的經驗不足，製作現場顯得凌亂了些，我們也應該儘量寬容。比起指責和埋怨，不如多為孩子的興趣做一點什麼：找出一張大桌子讓她做手工，多為她搜集一些零碎的花布料，為她自己設計的玩具娃娃衣服拍一組「時裝照」……此刻的寬容和理解，會讓孩子們一輩子銘記在心。

不過，我們也常常發現有些家長會強迫孩子，去做他們並不感興趣的事情。這一類做法並不明智，只要孩子的興趣不是有害的，我們就應該尊重它——無論這個愛好是否是家長本人的喜好。

西晉時有位大文學家名叫左思，他的父親非常喜歡書法，於是他一心想讓兒子也學書法。但是左思對書法並不感興趣，即使父親重金請來名師指導，他在書法方面也學無所成。後來，父親又讓兒子學習彈琴，結果左思學了很長時間都彈不出一首像樣的曲子。失望的父親這才意識到，自己並不能完全左右孩子的興趣，於是任由左思做自己喜歡的事情。左思的興趣在哪裡呢？原來他喜好文學而且記憶力很好，博聞強識之下，對文學作品有著超出常人的領悟能力。後來他學會了賦詩，從此在文學之路上如魚得水，進步神速，不出幾年，就寫

出了《三都賦》、《詠史詩》這樣的千古名作，成為西晉著名的文學家。試想一下，如果左思的父親不曾想通，依舊憑著自己的意願強迫左思去學書法或彈琴，那麼最終會多一個書法家或是音樂家嗎？恐怕不會。肯定的是，歷史上會因此少一個文學家。

不過也應該注意，尊重孩子的興趣，並不等於放縱孩子的興趣。特別是年齡較小的孩子，他們的心智還不成熟，自我控制能力差，因此要適當地引導和協調他們的興趣，防止他們在興趣上過於偏頗，或陷入不良的興趣中不可自拔。

至於，國小高年級以上的孩子，特別是國高中的孩子，由於網路的發達，有的孩子會深深著迷於電玩、Blog或網誌，此時常為了上網而耽誤了學業，做父母的可要留心孩子是否身陷迷「網」卻不自知喔！

告訴孩子
「你很棒」

請不要吝惜你的誇獎，因為父母的誇獎，是激發孩子自信心，
使他們積極面對困難、勇於邁步向前的理由。

　　在家長眼中，孩子是天真無邪、幼稚可愛的，他們總會說出令人
咋舌的話，或是做出令人哭笑不得的調皮事情。每當他們的小腦袋冒
出奇思妙想，語出驚人讓你尷尬的時候，你會斥責他們嗎？恐怕多數
家長會如此。其實，家長們不妨換個角度看待問題，沉吟一會，轉轉
腦筋，伸出一個大拇指，告訴孩子：「你很棒！」

　　從前，有一個社區公認的壞孩子，這個孩子從小時候就愛調皮
搗蛋，他經常偷偷扔石頭砸鄰居家窗戶，有一次還把死兔子扔到學
校的火爐裡燒，搞得臭氣熏天，導致大家都無法正常上課。九歲那
年，他的父親娶了繼母，父親叮囑她一定要留神這個孩子。當這個繼
母對孩子深入瞭解之後，卻對父親說道：「你錯了。他並不壞，而

且很聰明，只是還沒有得到發揮！」繼母很欣賞這個孩子，並且常常對他說：「你很棒！」在她的引導下，這個孩子的聰明找到了用武之地，後來成了聞名世界的卡內基訓練創辦人戴爾‧卡內基（Dale Carnegie）。試想，如果沒有繼母的欣賞和引導，又怎會有成功的戴爾‧卡內基呢？可見，一句「你很棒」對於孩子的成長和將來事業上的成功有多麼的重要。

三人行，必有我師，不要小看年紀輕輕的孩子。有人在學校中做過一個有趣的實驗：在紙上畫一個圓，然後問學生們自己畫的是什麼。結果，幼稚園的小朋友口中的答案五花八門：他們說是太陽、月亮、月餅、籃球、盤子、氣球、眼睛、鼻孔……與之相比，國中生和高中生的答案就單調多了；但最令人驚訝的是大學生們，所有人都說出了一個答案：「這是一個圓。」這不正說明孩子恰恰具有成人所缺乏的想像力和創造力嗎？相比那個缺乏生氣的「圓」的答案，難道小孩子不棒嗎？孩子有時甚至也可以成為我們的老師。試著欣賞、學習孩子們的熱情、誠懇、天真與執著，也許會使我們的人生也更積極奮進，有所成就。

孩子的年齡雖小，但內心世界的豐富性卻不亞於成人。每個孩子的精神世界都像是一本獨特、非常耐讀卻又不易讀懂的書，需要家長有非凡的智慧和卓越的理性才能理解。只有全心深入到這個獨特的精神世界中去探索，才有可能找到幫助他、教育他的方法。事實上，作為一名家長，不只要做孩子物質生活的提供者，更要做孩子心靈的知音，為他們提供精神支援，試著去理解孩子每一個行為背後的意義，知道他為什麼這樣做而不那樣做的原因。這些事情聽起來似乎很容易，但其實是很難做好的。如果家長真能夠用心去讀孩子這本書，就

就要積極點

會對他們有更多的理解和寬容，繼而給他們送出更多的鼓勵。

　　可惜的是，我們華人家庭的家長往往不好意思說出這句簡單的「你很棒」，這一點，我們真該學學西方的爸爸媽媽們。曾經有一本書，名字就叫做《告訴孩子，你很棒》，書中提到了一種風靡美國的「EDA」教育法。這種教育法最重要的核心就是「教育孩子先從教育家長開始」。在關於對待十歲以下兒童時，書中教導家長多說「YES」少說「NO」，善於灌輸孩子正面的思想，透過激勵使孩子毫無保留的發揮潛能。

　　家長肩負著教育孩子這個神聖而偉大的職責。說它神聖偉大，一點也不為過，也正是因為如此，這項職責很艱難，而且需要智慧。一句「你很棒」可以促進孩子進步，幫孩子樹立自信，而自信正是走向成功的第一步。當孩子要去完成某種任務時，不管他平時有多麼優秀，內心都難免會緊張。這時，就是我們家長說出那句「你很棒」的時候了，對於平時表現就很優秀的孩子來說，「你很棒」會讓他更加堅定信心，並讓他聯想起以前的成功經歷，繼而義無反顧地迎接新的挑戰。而對於那些以前表現平平的孩子來說，一句「你很棒」更是對信心的極大鼓舞，甚至會使他們欣喜若狂，他們為了想贏得這一句稱讚，自然會盡力去做事，盡可能做到最好。

就要積極點

環境是
積極的原動力

所謂「近朱者赤，近墨者黑」，每個人或多或少都會受到周圍
環境的影響。因此，給孩子創造一個良好的環境，是每一個為
人父母的責任和義務。

　　人總是受周圍環境的影響，近朱者赤，近墨者黑，如果整體環境
萎靡不振，孩子的積極力自然也不會高。

　　一個人的成長受很多因素影響，而環境扮演著極其重要的作用，
有些環境影響純屬個別，但有些卻為某個群體所共同擁有。例如，在
民國二〇、三〇年代左右生於大陸長於台灣的上一代，童年生活極其
貧乏和青少年的戰爭經歷，對他們產生了難以磨滅的影響。

　　中國古代啟蒙讀物《三字經》有「昔孟母，擇鄰處」之語，講的
是孟母為了引導孟子成才，曾經三次搬家，以選擇一個優良的成長環
境。

孟子名軻，自幼喪父，全靠母親倪氏一人日夜紡紗織布度日。倪氏是個有見識的婦女，雖然自己勤儉度日，但立志培養兒子學有所成。但小孟軻天性好玩，模仿性很強。起初他們住在墳地旁邊。小孟軻就學習大人跪拜、哭嚎的樣子，玩起辦喪事的遊戲。孟母看到，心想：「這個環境，不適合孩子學習。」因此他們搬家了。這次搬到市集邊住。到了市集，孟軻又和鄰居小孩學著商人做生意的樣子。一會鞠躬迎客，一會招待客人，表演得極像。孟母看到，又皺起眉頭：「這個地方，還是不適合孩子學習。」於是，他們再次搬家，這次搬到學堂附近。孟軻開始變得守秩序、懂禮貌、喜歡讀書。這個時候孟母滿意的點點頭：「這才是我兒應該住的地方！」因此，孟子能成為著名的思想家，孟母居功厥偉。

影響個體發展，主要有遺傳和環境兩個因素。遺傳難以變動，但環境卻可以改變。為了讓自己變得更優秀，我們不斷尋找人生的榜樣。我們仰慕李白的天才，欣賞馬丁・路德・金（Martin Luther King）的智慧，崇拜莎士比亞（William Shakespeare）的才情，驚歎海倫・凱勒（Helen Adams Keller）的堅強。但是這些偉人距離我們的現實生活似乎太遠，他們再優秀、再傑出，對我們的影響也遠不如與我們朝夕相處的人。所以，家長應該努力給孩子創造一個積極的成長氛圍，讓孩子們在一個「勿以善小而不為，勿以惡小而為之」的環境中長大。古人云：「蓬生麻中，不扶而直；白沙在涅，與之俱黑。」孔子說：「與善人居，如入芝蘭之室，久而不聞其香，即與之化矣。」孩子們處在積極的氛圍中，潛移默化地受著影響。點滴進步造就堅實而健康的成長，當孩子們一旦投入到廣闊的社會空間，就有可能一飛沖天。

下表分階段列出孩子從出生到青少年期的主要發展特點，我們可以根據這些特點，來積極營造不同環境。

0～20歲各時期的主要發展特點

各個時期名稱	時間段	主要發展任務和發展特點
產前期	受精—出生	生理發展
嬰幼兒期	出生—3歲	身體成長和動作發展 社會依戀：親子關係 初步認識社會，語言發展
兒童早期	3—6歲	力量增長，大小肌肉和精細動作發展 認知發展：創造力，想像力 社會化發展：自我意識
兒童後期	6—12歲	力量和運動技能發展 認知發展：有邏輯的具體思維，書面語言，記憶。 社會化發展：同伴關係，自我概念與自尊
青年期	12—20歲	身體的迅速改變，生殖器官成熟 認知發展：抽象思維 社會化發展：人格獨立，兩性關係建立

就要積極點

競爭是
前進的動力

競爭是提高孩子積極力的動力之一。如果沒有了競爭，那麼對
於孩子來說，做任何事情都將索然無趣，他們就只好選擇渾渾
噩噩、不思進取的生活了。

　　人類天性好強爭勝，競爭可以激發人的積極力。

　　競爭能夠克服人類惰性，促進社會進步。對於個體而言，競爭往
往可以激發潛能，激勵他不斷進取，以獲得心理上的滿足，進而產生
成就感。

　　英國十九世紀著名的博物學家赫胥黎（Thomas Henry Huxley），
因捍衛達爾文的進化論，而有「達爾文的堅定追隨者」之稱。他在
《天演論》（Evolution and Ethics）裡根據「食物鏈」的現象，提出
「物競天擇，適者生存」的理論。「食物鏈」雖是自然界現象，但人
類是大自然的一部分，自然界小動物們的行為常常能夠反映人類的行

為。

　　一隻大熊貓產下一窩熊貓寶寶，但是母熊貓只餵養第一隻出生的寶寶，其他小熊貓只能被飼養員人工餵養起來。經過研究人員分析，發現熊貓不餵養的寶寶個體比正常寶寶來得小，母熊貓自然選擇了撫養對象。可見在熊貓寶寶在媽媽肚子裡時，就進行了競爭。一些體弱的小熊貓，可能就被媽媽淘汰了。

　　我們根據自己的需要而去競爭，那什麼是需要呢？「需要」是有機體內部的一種不平衡狀態，它表現在有機體內部環境和外部生活條件的一種穩定需求，並成為有機體活動的源泉。二〇世紀著名的美國社會心理學家、人本主義心理學創始人之一的馬斯洛（Abraham Maslow），將人的需求分為五個層次。

一、生理的需要：人對食物、水分、空氣、睡眠的需要，它們在人的所有需求中是最重要的，也是最有動力的。當一個人落入水中，為了獲得更多空氣維持生命，他會拼命掙扎。

二、安全感需要：指人們要求處於一種穩定、受保護環境中，繼而免除恐懼和焦慮。例如，人們渴望得到一份較為安定的職業，或願意加保各種保險，這些都表現了他們的安全需要。

三、歸屬與愛的需要：一個人要求與其他人建立感情的資訊和關係，如結交朋友，追求愛情，參加社會團體，就是歸屬感和愛的需要。

四、尊重的需要：包括自尊和希望受到別人的尊重。自我滿足會使人相信自己的力量和價值，使他在生活中變得更有能力，更富有創造力。

就要積極點

五、自我實現的需要：人們追求實現自己的能力和潛能，並使之
　　完善。

馬斯洛認為，這五種需要都是人最基本的需要。這些需要是與生俱來的，它們構成不同的等級或水準，並成為競爭和指引個體行為的力量。

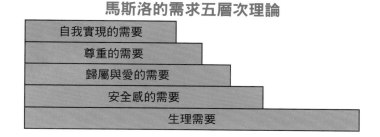

馬斯洛的需求五層次理論

為了滿足生活中的種種需要，我們激發自己的潛能和鬥志去參與競爭。有競爭自然會有壓力，很多老師都會感到有些孩子由於壓力過大而不堪負荷，因此在競爭時也需要適當採用一些方法，降低競爭帶來的壓力和風險。

戰國時代有個以奇制勝的故事：「田忌賽馬」。這個故事中，齊王和田忌賽馬，各自將自己的馬分為上，中，下三等，分別比試。田忌用自己的上等馬對齊王的上等馬，中等馬對齊王的中等馬，下等馬對齊王的下等馬，結果以失敗而告終。後來田忌採用孫臏的策略，用自己的下等馬對齊王的上等馬，上等馬對齊王的中等馬，中等馬對齊王的下等馬，結果三局兩勝，田忌贏得了賽馬比賽。

另外，有競爭，就會有失敗。孩子一旦失敗，就很容易氣餒，這時就需要家長的引導。19世紀英國知名的陸軍元帥威靈頓將軍（Arthur

Wellesley, 1st Duke of Wellington）有一次吃了敗仗後，逃到一個小山洞裡，那時的他心灰意冷，以為自己再無機會東山再起。但當他無精打采的注視著洞外，突然發現在洞口有一隻蜘蛛正在風中織一張網，但每次織到一半的網都會被風刮破，但蜘蛛頑強的再次開始，最後終於成功織好網。這一幕給了威靈頓將軍莫大的啟示與鼓舞，於是他重振旗鼓，終於在一八一五年滑鐵盧之戰（Battle of Waterloo）中打敗拿破崙（Napoléon Bonaparte）。

　　家長應該引導孩子建立正確的競爭觀和成敗觀，啟發孩子「失敗是成功之母」，沒有永遠的成功和失敗。同時告訴孩子，只有具備不怕失敗的毅力和百折不撓的精神，才能取得成功。

就要積極點

親朋好友
湊一腳

在孩子表演節目時，如果叫上鄰居和好友一起來給孩子捧場，
為孩子加油，孩子自然會受到鼓舞，並希望做得更好。

　　邀請鄰居親友來看孩子的演出，一起鼓勵孩子，更能激發孩子的
積極力。

　　閒暇時間和鄰居朋友小聚，小孩子通常會成為大家關注的焦點。
家長一般會鼓勵孩子展示一下最近的學習成果，比如跳支舞，彈奏一
段樂曲，講個網路看來的笑話等等。表演結束，大人們一致送上掌聲
和肯定的讚美，孩子則倍受鼓舞，積極力大增，主動提出為大家再表
演一個節目——毫無疑問，這次表演更加出色。

　　鄰居親友的力量到底有多大？為什麼小孩子受到他們的鼓勵就如
此開心、積極力大增呢？要解釋這個問題，我們先要瞭解一個名詞：
動機。動機是激發和維持個體活動的一種內在心理過程，或說是內部

動力。孩子願意再次表演是受到了家長鄰居親友的讚美和鼓勵，正是這些鼓勵使孩子信心大增，更加積極地投入學習。來自各方面的鼓勵對於孩子的成長道路，猶如麵粉發酵的過程中酵母的催化作用。

孩子們的持續進步，往往建立在家長親友的點滴讚美之上。哈佛大學的三位教授曾做過一個試驗：讓六十個智力、成績相差無幾的孩子去完成一項任務，把孩子均分為三組。在試驗之前，他們告訴第一組孩子說：「你們非常聰明，只要超過其他兩組，就可以成為老師的寵兒。」而對另外兩組什麼話也沒有說。一周後，第一組的二十個孩子中有十八名成功的完成了任務，其他兩組孩子卻遠遠落後。

試驗證明了專家的觀點，旁人的鼓勵可以激發孩子的潛能，促使他們克服苦難，完成任務。

有時候，即使是一句簡單的評語，也可能對孩子產生不可估量的影響。三國時代的曹操有二十五個兒子，每個都有繼承王位的權力，這無疑是個充滿競爭的群體。曹操曾揮兵南下進攻江南的孫權，當他看到孫權的軍隊整肅、紀律嚴明，不禁慨歎道：「生子當如孫仲謀，劉景升兒子若豚犬耳！」後來這句話成了曹操鼓勵孩子的警句，孩子們當然也都暗暗記下了父親的期望，希望成為智勇雙全的「孫仲謀」。一日，曹操和謀臣們看到兒子曹彰在演兵場上作戰勇猛，大家高興地稱讚他：「此曹家猛士也！」其實，曹彰也並無什麼過人之處，但是聽到這麼多人對自己飽含讚揚的話語，於是便深深地銘記於心，從他的內心升騰起一種強烈的願望：「我要成為父親心中的猛士」。

在今後的征戰中，曹彰一直以古往今來的「猛士」為榜樣，最終

就要積極點

也成為一名屢立戰功、留名萬代的「猛士」。

　　鼓勵對促進孩子的積極成長十分重要，這在古今中外各位教育學大家的名言中都得到佐證。《禮記‧學記》是華人教育史上最早且又最有系統的教育論著，「玉不琢，不成器」等名句即是源於此。《學記》中有「強而弗抑」之句，意思是：老師教學要嚴格要求，但不要讓學生感到壓抑。這顯然是在提醒老師採用鼓勵性的教學方法。德國教育家第斯多惠（Friedrich Adolf Wilhelm Diesterweg）曾說過：「教學藝術的本質不在於傳授本領，而在於喚醒、激勵和鼓舞。」美國教育學家雷斯‧赫奇更是明確無誤地告訴我們：「孩子自信的培養，尤其需要來自父母和老師、朋友的鼓勵」。

　　為提高孩子的積極力，許多家長絞盡腦汁。其實，在很多情況下孩子只需要一句簡單的「有進步喔！繼續努力！」的話語，就會讓孩子的積極力大增。所以，邀請你的鄰居親友，不要吝嗇鼓勵和讚美，一起推動孩子向前跑吧！

第10招
欣賞可以
創造奇積

不管你的孩子有沒有你想像中的好，也別管別人對自己的孩子怎麼看，只要由衷地欣賞他就好！要知道，欣賞可以創造奇蹟。

　　提到自己的孩子，許多父母也許會皺起眉頭，接著開始抱怨：撫養孩子多不容易啊，我們為他嘔心瀝血，他卻不成器！東方的父母常有這樣的通病：對孩子缺乏欣賞，斥責多於讚美。如果孩子取得進步或做得很好，為了防止孩子驕傲，父母總會壓抑喜悅的情緒，明明心裡非常高興，卻轉而擺起一副嚴肅的表情教育孩子：「還做得不夠好，看看別的孩子……」換一個角度，從孩子的感受出發，聽到這種話怎麼會不該人覺得氣餒呢？

　　每個人都渴望來自他人的欣賞與認同，這是一種本能。相對於成人而言，孩子缺乏完全和理性的自我評價能力，對自我的評價基本

就要積極點

上建立在家長與老師的態度之上。從這個角度而言，孩子是好是壞都取決於父母、教師的語言中，與其老是批評他為壞孩子，不如多多地表揚他的優點，誇讚他是好孩子。其次，處於青春期的孩子，大多容易產生叛逆心理，如果他們聽到的批評多於表揚，那麼他們很可能會產生破罐破摔的心理，與家長的期望越行越遠。也許家長本意是想用「激將法」激發孩子向上的動力，結果卻常常事與願違。

其實，既然都是為了孩子，那麼就由衷地欣賞你的孩子，並且不時地送上讚美和鼓勵吧！那麼，家長應該如何表達自己對孩子的欣賞呢？

首先，要善於觀察和發現孩子的優點。人都是需要鼓勵的，孩子尤其如此。父母的欣賞、老師的鼓勵，是孩子成長過程中不可缺少的動力。尊重、信任孩子，就要學會欣賞孩子的點滴進步，正面鼓勵讓他有動力做得更好，而非以貶損的語氣「激」孩子取得更大進步。在適當的時候，真誠地讚揚和欣賞孩子，不要吝嗇你的誇獎與鼓勵，使他們從肯定中獲得繼續進步的內在動力，繼而克服在生活和學習中遇到的種種難題，更上一層樓。只有尊重並信任孩子，才能發現孩子更多的優點光芒，在評價孩子時要毫不吝嗇地將讚揚的話語告訴孩子，幫助他找到屬於自己的優點和獲得更多的自信。

其次，做孩子的好朋友，是欣賞、尊重孩子的一種表現。處於叛逆期的孩子渴望擁有完整、獨立的地位，而不是繼續被當成小孩子。他們有自己的思考，希望擁有決定事情的能力與權力，而不是毫無想法的做家長的「木偶」，接受指揮。現在青少年最熱衷的就是部落格了，每天總要看看自己的人氣指數有多少，也常和朋友（甚至是不知

名的網友）在網上談論事情，他們可是對於如何「經營」部落格都有自己一套風格喔！對待這個時期的孩子，應該把孩子當成一個獨立的個體，與他們進行平等的交流。譬如，利用飯後時光，全家人坐在一起，討論今天遇到的事情及處理方式；他們也許會告訴你，最近在youTube上又看到什麼有趣的影片！每個人都可以分享在工作、學習與生活中遇到的大小問題，或者最近最喜歡的歌曲或電影。世界上沒有兩片一模一樣的葉子，每個人的想法難以相同，解決問題的方式也不同，在融洽的氛圍中，父母與孩子可以走進對方的內心，瞭解對方的想法。處於成長期的孩子有許多不成熟的處事方式，透過交流，父母可以瞭解孩子的不足，共同探討改進的方式。當瞭解到孩子成功解決問題的事例或方式後，父母完全可以給予孩子一個肯定的擁抱，告訴他：「你做得很不錯！」

　　另外，欣賞孩子，就不要苛刻地要求、責備孩子。許多父母在教育孩子時，往往會這麼說：「看看別人家的孩子多麼優秀？再看看你自己！」這往往會導致孩子產生強烈的挫敗感。在重壓之下，孩子很可能會走向極端的自卑。其實，所有的孩子都一樣有優、缺點，認真地去發現孩子們的優點，才能更加的欣賞孩子。別只盯著孩子的缺點，更不要放大孩子的缺點，這樣會大大地打擊他的積極度。孩子做得不好時已經倍感失落，給你的孩子一點鼓勵，你甚至可以表示「沒關係，你還有很多進步的可能性」、「失敗是成功之母」，誇獎他又向成功邁進了一步。這將會恢復孩子的積極力和自信心，促使他以更加積極的態度投入到生活和學習中。

　　孩子是一張無瑕的白紙，父母是在這張白紙上作畫的畫家。別咨

嗇誇獎、隱瞞欣賞，用您最肯定、最積極的方式告訴他們：「你是最棒的！」有位偉人說過：「一個孩子一旦擁有了母親的賞識，他也就擁有了大半個世界。」父母們，請用誇獎和欣賞為孩子的白紙勾勒出最亮麗的世界吧！

第11招
誇獎不嫌多

適當地誇獎孩子，一方面肯定孩子的進步，一方面小小地滿足一下孩子的虛榮心。對於提高孩子的積極力，大有裨益。

剛上國小二年級的歡歡一臉正經地問媽媽：「媽媽，如果有人誇我的字寫得好看，你覺得呢？」媽媽楞了一下，想了想，說：「你的字也沒有特別好看，怎麼會有人誇呢？」聽完媽媽這麼說，歡歡覺得很失望，馬上一聲不吭地噘起了嘴。

這樣的情景並不少見。身為家長的你聽到別人誇獎自己的孩子時，你是如何回答的呢？在別人誇獎自己的孩子時，父母沒有適時給予肯定，反而謙虛推辭，當然更不知該如何主動誇獎孩子。東方家長不善於誇獎孩子，主要是因為東方人講究謙虛的性格。

傳統中認為謙虛是一種美德，在生活的各方面都應該貫徹，直接的表揚和誇獎會讓孩子變得驕傲與浮躁；只有嚴格要求孩子，時時指出孩子的不足，不斷批評鞭策才能促使孩子進步。

然而事實並非如此。最近，日本一位兒童教育學家的一項研究表明，經常受到家長誇獎的孩子的成才率，比很少受到家長誇獎的孩子高出五倍。近代的教育學家陶行知曾在半個世紀前就指出：「教育孩子的全部秘密，在於相信和解放孩子。」而相信孩子，解放孩子，首先就是要學會誇獎孩子。

　　如果留心觀察，許多家長會發現，如果今天誇獎孩子字寫得比昨天漂亮，明天孩子會寫得更用心、更工整。孩子考了九十分，卻得到父母漠然的反應和「要考一百分」的話語，就會頓時失去學習的興趣和動力，下次考試別說一百分，恐怕連九十分都沒有。其實，每個孩子都需要誇獎，成長期間的孩子無法對自己做出正確的評價，因此積極的肯定能夠給孩子前進的力量和堅持的勇氣，幫助他樹立自信。誇獎對於孩子，就像鮮花盛開、甘露滋潤心田，更是一把打開孩子思維之門的鑰匙，是心靈的春風。家長們適當的誇獎和肯定能振奮孩子的精神，不斷的奮發向上。而且，成長期的孩子都有很強的虛榮心，誇獎使他們的虛榮心得到滿足，為了下一次的誇獎，做事情也會有無限的動力。

　　不要吝嗇你的誇獎，不要錯過任何一個誇獎孩子的機會。關注孩子的每一點細微的進步，每一個小小的光芒，及時、真誠地誇獎和鼓勵，孩子會成為這世上最幸福快樂的人。

　　其實，東方的家長，可以學一學西方家長的表達方式。有一位朋友帶著兒子在美國工作，當東、西方孩子同時在操場上打球時，台灣孩子投十個球進了九個，台灣媽媽不滿意的說：「那一球怎麼沒進呢？你還是不夠努力！」而美國孩子十個球內只進了一個，一旁的美

國媽媽就拼命鼓掌。台灣的媽媽覺得很疑惑：「美國孩子那麼差，他的媽媽為什麼還要幫他鼓掌呢？」美國媽媽卻認為：「進了一個球，已經比一球都沒進的厲害了呢！」最後的結果，那個只進一個球的美國孩子充滿自豪感，進了九個球的台灣孩子卻感到自卑。台灣家長總是不為孩子的收穫而欣慰，卻老為孩子的失去而遺憾。其實，這就是孩子最大的悲哀。

然而，並不是一味地誇獎孩子們就能夠順利成長。過猶不及，過度的誇獎或不恰當的誇獎方式會得到適得其反的效果。有的家長盲目誇獎孩子，過度誇大孩子的進步，不但不能促進孩子健康成長，更會讓孩子飄飄然而驕傲起來。更有甚者，明明是孩子做錯了，不批評卻反而誇獎的態度，會讓孩子喪失了是非對錯的判斷能力。

另外，有的家長總是濫用金錢、物質做為獎賞，長久下來，孩子們會被金錢物質誘惑，為追求享受而步入歧途。

鼓勵常說出口

鼓勵，讓孩子在面對失敗時不氣不餒，讓孩子在成功後再接再厲。鼓勵常伴孩子身邊，孩子自然能更上一層樓。

如果說誇獎是對孩子進步的肯定，那麼鼓勵則是在孩子失意時的最好關愛。不要把孩子看得太過堅強，沒有別人的攙扶、安撫，他們很難滿臉笑容地爬起來。事實上，沒有一個孩子的成長可以離開家長的鼓勵，即使是天才也不例外！卡爾·威特（Karl Witte）是德國著名的天才兒童，他八歲時就能自如地運用六國語言，九歲時順利進入歌廷根大學，十四歲時成了該校的哲學博士，十六歲時被任命為柏林大學的法學教授。這個看似天生造就的奇才其實在成長路上也有坎坷，而他所取得的非凡成就與家庭教育也是無法分開的。讓我們透過一個小事例來看看卡爾·威特的父母對他的教育方式：

小卡爾開始學習寫作時，一點信心也沒有。當他戰戰兢兢地把他的第一篇文章遞給父親時，敏銳的父親就注意到了兒子眼中缺乏自

信。在讀完那篇充滿青澀的文章後，父親發現那的確是篇糟透了的文章——不懂問題沒有交待清楚，句子不完整，還有很多錯別字。但父親知道這時絕不能簡單地以「不好」解決問題，當他看到兒子流露出的憂傷眼神時，他說出了一句令人興奮的話：「非常不錯，這是你的第一次寫作，爸爸剛開始寫作的時候比你差遠了」。

這句句話讓小卡爾的眼中閃爍出興奮的光芒。不久，受到鼓勵的卡爾把第二篇文章交給父親時，水準已大大提升了。

「望子成龍，望女成鳳」是所有家長對子女的願景，正是因為對孩子有著很高預期，所以更加無法接受孩子的失誤和挫敗。一旦不盡如人意，父母會在第一時間以激烈的批評手段來應對——認為這樣會讓孩子記憶深刻，不再重複犯錯。所以，我們身邊才會出現諸如「打是情，罵是愛」或是「棍棒之下出孝子」這樣莫名其妙的教育觀念。

很多家長認為，嚴厲點是為了孩子們好，批評可以讓他下次少犯錯誤。但是回頭想想，即使是在失敗的情況下，我們也希望得到別人的認可，孩子們自然也一樣。與大人不同的是，在孩子心中，最在乎的是父母對自己的看法。失誤後得到父母鼓勵和安慰的孩子一定會比那些挨了父母一頓臭罵的孩子更自信，更開朗些。

親愛的父母們，知道我們應該做些什麼了嗎？

相信每位家長都非常愛自己的孩子，為了孩子要上鋼琴課、英文課、作文課，再貴也捨得花，願意辛苦工作，因為想讓孩子過得更好甘願節衣縮食；給他買最好的衣服，把他打扮得漂漂亮亮；把他送進最好的學校，讓他接受最好的教育；當你為孩子做了那麼多努力，又何必在他失意時，吝惜那一句小小的鼓勵呢？也許在你不經意的一句稱讚鼓勵中，孩子漂浮陰霾的心靈，就會洞開一扇明亮的窗。

第13招 情境教學

身臨其境，親身經歷，常帶來全新的體驗。情境教學，可以激發孩子的興趣，使他們精神集中，積極性大增。

　　許多家長抱怨自己的孩子不喜歡上學、貪玩，學習積極力低迷，倒是一看到漫畫、電玩，馬上就變成一條龍，怎麼說也沒有用。其實，設身處地想想，每天攤開書本，閱讀單調的文字，有多少人還能樂在其中。如果心裡產生反抗情緒，還談什麼積極力？談什麼學習效率呢？既然孩子活潑好動，我們不妨引入「情境教學」法，讓他們邊玩邊學吧！

　　從教育學上來說，情境教學是指在教育中，引入具有一定形象、有情緒色彩的具體場景，幫助孩子更容易理解所學內容。這種教學理念是基於孩子形象思維較佔優勢，抽象思維不夠發達的實際情況而來的。在情境教學中，核心目標是充分激發學生對所學知識的興趣。加拿大心理學家托爾文（Endel Tulving）將記憶分為兩類：情境記憶和

語義記憶。小孩子們形象思維佔據優勢，具體的、直觀的形象最能引起他們的注意。因此，為孩子營造一個樂學的氛圍：帶著孩子們去野外觀察春天，去植物園觀察含羞草，躺在草坪上背一首詩……都是情境教學的典型例子。單調枯燥的學習對於一個成年人來說，都是一個難以完成的「苦差事」，更何況是天性嚮往玩樂而厭惡刻板的小孩子呢？情境教育就是力圖改變「教科書」教育的死氣和沉悶，為孩子們提供一個更加簡單、快樂的學習模式。

筆者的姐姐一家人在加拿大，小外甥女今年四歲，剛剛進入當地的一所幼稚園。她的老師帶小朋友們到戶外觀察大自然，去抓毛毛蟲，並且發給每個小朋友一個小盒子，把毛毛蟲養在盒子裡，每天讓孩子們負責餵食毛毛蟲，並寫下毛毛蟲的成長日記。有的孩子年紀還很小，不會寫字，老師就教他們畫毛毛蟲的變化過程。經過一段時間的紀錄，孩子們見證了毛毛蟲變成美麗蝴蝶的完整過程。最後，老師帶著孩子們來到操場，將所有蝴蝶都放生了。看見一隻隻展翅的蝴蝶，孩子們開心的拍手叫好。

在這個過程中，孩子們自然而然學會了從「毛毛蟲」到「蝴蝶」的所有辭彙，其中不乏一些專業的生詞，但重要的並不只如此。一天筆者的姐姐帶著小外甥女外出散步，路上，姐姐不小心踩死了一隻毛毛蟲，小女孩馬上哭了起來：「媽媽踩死一隻蝴蝶……」姐姐見狀馬上向女兒道歉，也為自己疏忽之間終結了一個小生命而懊悔。請看看，一堂簡單的毛毛蟲課，老師就已經將「生命至上」的觀念，深深植入學童們幼小的心靈中。

情境教學需要完全融入情境，並被情境所感染。所以，作為教

導者的家長或老師首先就要保證自己的情感投入。因為「身教重於言教」，家長在孩子面前的一舉手一投足，都是實實在在的直接情境，最容易被孩子觀察並學習。

　　如果孩子厭倦了，不妨帶領孩子們走出課堂，以「情境」為出發點，在自然和實際生活中，和孩子一起獲得感悟的樂趣，表達的樂趣，探究的樂趣，審美的樂趣……

第14招

快樂，
就有積極力

人的天性是追求快樂。有快樂，就有動力，就有積極力。寓教
於樂，不但可以提高孩子的學習積極力，也能提高孩子的學習
效率。

　　當我們身處快樂之中，很多事都會如願以償。快樂是內在的，
不是由於客體，而是由於觀念、思想和態度而產生的。快樂是一種選
擇，保持思想愉悅，可以使我們的學習變得更加輕鬆且高效。莎士比
亞在《奧賽羅》（Othello： The Moor of Venice）中寫道：「快樂和行
動，可以讓時間變短」。雖然看似神奇，但其實我們在生活中也經常
感受到：今天的時間過得好快啊。如果你有這樣的感覺，那麼大概可
以肯定：你這一天過得一定很充實！時間對於每個人都是公平的，若
時間看似變短了，是因為我們一直處在快樂中忙碌。人很容易由於快
樂，就忘記了時間的流逝。對活潑好動的孩子來說，學習似乎是一項

苦差事，度日如年。所以，寓教於樂，讓孩子在快樂中學習，效果會高出許多。

我曾到一個朋友家做客，發現他們家的電視、冰箱、沙發……等，以及其他屋內角落裡都貼有一些紙條，上面分別是電視、冰箱、沙發等的英文單字……原來這是他們在幫助年僅三歲的兒子記憶英文單字，讓他的孩子在休閒娛樂的同時還可以兼顧學習。打開冰箱拿出一個冰淇淋，學會了「冰淇淋」的英文單字；看動畫片時，學會了「電視」的單字……當然小孩子不會看一遍就牢牢地記住所有的單字，但是隨著拿冰淇淋和開電視的次數增多，自然會將所有單字銘記於心。

都市中的孩子每天面對的都是千篇一律的水泥森林和鋼筋圍牆，難免產生壓抑之感。一般來說，接觸大自然能令人心情舒暢，精神愉悅。因此，經常帶孩子到大自然中去，也是寓教於樂的一種方式。一日筆者去植物園遊玩時，突然聽到一聲高喊：「媽媽，葉子閉起來了耶！」原來是有位可愛的小朋友手指著一株綠色植物說：「我剛才不小心碰到了這個植物，它的葉子一下子就閉起來了，好奇怪哦！」他的媽媽聞聲來到孩子身邊，看看植物笑道：「親愛的，這種植物叫『含羞草』，含羞草羽葉纖細秀麗，輕輕觸碰它的葉片會立刻閉合下垂。不要說用手去碰它，有時候就算只是一陣風吹過，它也會這樣閉合呢！你看，它閉合葉子的樣子，像不像一位害羞的少女啊？」

孩子看著害羞草，輕輕地點點頭：「真的很像害羞的小女孩呢。」媽媽又接著說：「孩子，你知道它為什麼害羞嗎？那是因為人體或是風來時，會刺激到含羞草，而含羞草裡的水分一受到刺激，就

會向植物的上部兩側流去。最後水分全跑到葉片上去了，葉片重量增加，就會自然地閉上了。」

我想，這個小孩子透過那次的植物園之旅，不但在大自然的懷抱中盡情玩耍，還親手觸動了含羞草，從媽媽那裡得到了大自然的奇妙知識，可謂是「一舉多得」。

美國的亞歷山大·辛德勒博士說過：「不快樂是一切精神疾病的唯一原因，而快樂則是治療疾病的唯一方法。」這句話，看似與日常所說「好好做，你就會快樂」的看法相違背。但細想，我們因為經常保持一種快樂的心態，感受到做事猶如「春風得意」。對於小孩子，讓他們置身於快樂的氛圍之中，他們自然會愛上學習，那時不用家長督促，他們也會一直學個不停呢！

第15招

要學習，
也要休息

即使是機器，也有要修理的時候。小孩子長期學習但休息不夠，不但會導致學習效率下降，還會搞壞身體。勞逸結合，不僅是科學的學習方法，也有助於維持孩子的學習積極力。

　　沒有休息，就沒有高效的成果；沒有精力，就毫無積極力可言。

　　多數學生都會擁有以下的難忘經驗：

　　星期一的早晨七點鐘，鈴聲響個不停，按下鬧鐘，準備繼續享受幾分鐘的「回籠覺」，哪知這一睡，半小時就過去了！再次醒來，一抬頭看到表，已經七點半了，「啊……八點上課！」馬上嚇得跳起床，頭髮都沒來得及梳理，咬著一塊麵包，拎著書包就跑向學校……

　　放學回家，總是面有菜色、哈欠連天。但面對學校那一大堆功課和考卷，又不能放心地埋頭大睡。有時真痛恨自己為什麼每天都需要睡八個小時才夠，好羨慕那些每天只睡五六個小時的同學啊！休息、

就要積極點

休閒和學習三者都能兼顧……

　　經常聽到人們說，現在的學生是最累的一群人，台灣有一個調查就指出，台灣的國高中生平均是十一點才入睡，而休息、休閒不夠則是他們生活中的通病。孩童正處於成長時期，充足的睡眠和適量的休閒活動是必要的，也有利於健康成長。一般來說，六到十二歲的國小學童每晚九點睡覺，早上六點起床；而十二到十八歲的國中學生每晚十點上床入睡，早上六點起床，是最佳的休息安排。另外，各種休閒方式也有利於他們身心的健康發展。對於青少年，讓身體各器官得到充分的放鬆的功能外，還可以促進生長發育。如果長期只是「工作」不休息放鬆，身體各器官也會「罷工」。而臨床醫學更實際告訴我們：睡眠充足和身體得到充分休閒的孩子，比睡眠和休閒都不足的孩子少生病，即使生病了也是前者恢復得較快。

　　孩子為什麼總是缺乏睡眠和休閒呢？為什麼作業永遠都做不完呢？既然不能改變競爭激烈的現實，那麼我們不妨從學習效率上做點改進，為孩子擠出一些休息的時間。

　　首先，要多督促孩子：能不能在「醒著的時候」快一點，而不是壓縮睡眠和休閒時間來完成作業。

　　總會看到有一些孩子，在學習上總是愛「抱佛腳」：每天的功課留在不得不交的時候才「抱佛腳」；每學期的知識留在考試前一天「抱佛腳」……於是，他們每每活在「抱佛腳」的苦悶和疲憊中。「少壯不努力，老大徒傷悲」，就是因為少年的時光一點一滴流失了，只能面對老境空悲歎。同樣的道理，每天的功課一個小時一個小時拖，每學期的知識一個月一個月的拖……其實，有哪個孩子不想保

證每天充足的睡眠，睡到自然醒？只是他們總是被逼於無奈。但若你細心觀察，便不難發現，每當到學期末，總是孩子們最忙碌的時候。因為他們大半個學期都在放鬆，造成課業堆積如山，而這些堆積的功課總是壓得他們被迫熬夜。我們良心的建議孩子們，要將平時的放鬆時間和最後堆積的工作，兩者合理分攤。

平日裡，將自己要完成的任務，逐一完成後，就獎勵自己放鬆一下。身體得到放鬆後，頭腦也才會迅速反應，完成功課會所花時間會更短。一個積極的心態，一次成功的「勞逸結合」會鼓勵他們繼續下去。

對於學業繁重的學生來說，讀書越到高年級越能體會到勞逸結合、合理安排時間的重要性。家長要教導孩子，用時間的緊迫逼自己達到更高的效率，而非用惡性循環的拖延，使孩子損失休閒和健康。所謂「事半功倍」，就是用一半的力量達到加倍的效果。充分的利用事半功倍的原理，不就是提高做日常事情的效率嗎？

試想，我們一生如此，「事半功倍」豈不加倍了我們人生長度？

告訴孩子
「就是這麼簡單」

讓孩子掌握有效的方法，並讓孩子從小就明白，成功並非遙不可及，而且每個人都可以達到。

　　人生中很多事，只要想做，並且掌握有效的方法，就會迎刃而解。除了要教孩子有效的方法，也要給予孩子成功的信心，我們應該多多給予孩子心理暗示：「就是這麼簡單！成功並非遙不可及。」

　　有位年輕人向一位智者請教：「師傅，何為難，何為宜？」智者講：「難即為易，易即為難。」年輕人問：「何以解？」智者答到：「世上最難之事即為最容易之事；世上最容易之事亦為最難事。」年輕人困惑道：「何以解？」智者答到：「容易的事大家都喜歡去做，做的人多了，往往很難出類拔萃；難事，很少人去做，一旦做事的人克服困難，找到方法，便會走出困難，容易成功。」年輕人從此頓悟。

多年前，一位韓國學生到英國劍橋大學學習心理學，每當休息或者沒課時，他都會來到學校的咖啡廳聽一些成功人士聊天。這些成功的人士中，有榮獲諾貝爾獎者，有某領域的專家、也有財富傾城的企業家。這些人知識淵博，談話間往往旁徵博引，儀態不凡。聽了一段時間，這名留學生漸漸發現自己被國內很多勵志書籍欺騙了。這些書中往往誇大了成功者為成功所付出的艱辛，而使得很多人在未嘗試前就被這些「聽來的艱辛」所嚇倒，乾脆止步不前。透過長期的累積，這名學生將最後的畢業論文《成功並不像你想像的那麼難》提交給現今經濟心理學的創始人威爾・布雷登教授。教授看後，大為感動，逢人便推薦這部揭露「成功真相」的書。這部著作鼓舞了當時的韓國青年，而留學生本人也成為韓國泛業汽車公司的總裁。

　　小盈剛剛開始學習九九乘法表，已經學習好幾天，還是無法記住。小盈心中又著急，又擔心自己永遠也學不會，該怎麼辦？由於長時間沒背會乘法口訣，已經耽誤小盈繼續學習，媽媽看出了小盈的困擾。

　　今天媽媽一樣準時來到幼稚園門口接她，看到了小盈不開心的表情，媽媽說：「寶貝，我們一起來背九九乘法表吧！來，從一一得一開始。」

　　小盈和媽媽邊走邊背：「一一得一、一二得二……三九得二十七。」媽嬤笑了笑：「小盈真不錯，我們再背一遍好嗎？」小盈順利從「一一得一」到「三九得二十七」，她紅著臉，發自內心的笑了：「媽媽，我能背到三九得二十七了！」媽媽摸摸她的頭：「我的寶貝真棒！一下就能背著麼多了，其實背九九乘法口訣就是這麼簡單

呀，看看第一天你就能背到三九二十七了呢！今天休息吧，明天我們繼續背。」

第二天，媽媽和小盈復習了一遍，開始繼續。只聽一個稚嫩的聲音和一個成熟媽咪的聲音默誦著「四四得十六、四七得……五九得四十五……」到家後，小盈發現她可以從「一一得一」到「五九得四十五」了。她歡呼雀躍的告訴媽媽：「媽媽，我今天又進步了！」

媽媽也笑著鼓勵她：「哇，寶貝真棒！你看，背九九乘法，就是這麼簡單呀！」

幾天以後，小盈發現自己對於背乘法口訣已經不怎麼抗拒了，反而愛上了背它。一星期後，她把乘法口訣完全背起來了。而且，小盈經常想起媽媽鼓勵她的那句話：「寶貝，就是這麼簡單！」

讓孩子懂得做事有條不紊，自然會水到渠成。「天下事有難易乎？為之，則難者亦易矣；不為則難者亦難矣。人之為學有難易乎？學之，則難者亦易矣；不學，則易者亦難矣。」

「就是這麼簡單，孩子。」家長要學會更多積極心理暗示，孩子才不會有太多的心理負擔。

讓孩子嘗到
成功的甜頭

再有自信的孩子，如果一而再，再而三的失敗，他的自信心也會在不知不覺中逐漸被消磨掉。因此，在孩子成長的過程中，一定要讓他品嚐到成功的甜頭，才能保持他的自信和積極力。

再有自信的孩子也不能忍受一再失敗，只有一次次嘗到成功的「甜頭」，他們才會保持積極力，追求持續的成功。我們從事的任何一項工作、學習的任何一門課程，都是從不懂到懂的過程。這一過程，常常要反覆經歷才能逐漸變得熟練。對於小孩子來說，他們比任何人都期待得到肯定，成功的感覺會促使他走向下一次嘗試。

「嘗到甜頭，而後成功」，這並非是人類獨有的現象。事實上，很多生物都同樣喜歡成功的甜頭。二十世紀三〇年代後期，行為主義心理學家史基納（B. F. Skinner）曾設計了一個名為「史基納」的盒子，並用其來做試驗，研究動物的行為。箱子裡有小白鼠的食物，但

是需要觸動一根槓桿來得到。箱子裡的小白鼠，最初是無意中碰到了槓桿，食物因此落下讓牠飽餐一頓。無意中獲得美食的甜頭，促使小白鼠發現掌握按槓桿和獲取食物的成功聯繫。

著名心理學家沃爾夫岡‧柯勒（Wolfgang Köhler）著有《黑猩猩的智慧》一書，其中記載了一個「拿香蕉」的著名實驗。將黑猩猩關閉在一間小屋子裡，屋內天花板上掛著香蕉，並且地面零散放著幾個箱子。柯勒發現，面對這個情景，黑猩猩開始試圖跳起來抓香蕉，但是沒有達到目的。之後黑猩猩不再跳了，而是在房間裡走來走去，彷彿是在尋找東西。一會兒，黑猩猩把一個箱子搬到香蕉下面，站在箱子上去抓香蕉，但是發現它離箱子似乎還有些距離。於是牠從箱子上下來，又在屋內走動，而且又發現一個箱子。牠慢慢將箱子放到原本的箱子之上，終於成功得到了香蕉。

在黑猩猩成功地學會取得食物的過程中，頭一個香蕉作為成功的「甜頭」，在這一過程中具有推波助瀾的作用。

孩子，特別是十歲以下，在很多本能上更加接近動物。因此，研究動物的行為，可以為我們在日常教育孩子的過程提供一些啟迪。為了幫助孩子掌握某項技能，我們也可以人為地進行干涉。孩子的心理承受能力較弱，我們應該多多鼓勵，甚至可以編織一些「善意的謊言」讓他們稍嘗勝利，品嘗甜頭的快感會督促他們繼續去摘取更多的成功碩果。

需要注意的是，由於各種因素的影響和制約，在孩子的成長過程中，想品嘗「成功的甜頭」有時不會太順利。例如，大發明家愛迪生（Thomas Alva Edison）一直到八歲才上小學，但是僅僅讀了三個月

的書，就被老師認為是「低能兒」而趕出學校。在學校讀書的這段經歷，幾乎沒有帶給他的心靈任何正面影響。但是愛迪生的媽媽卻給他最大的支持，在家裡親自教他讀書識字。愛迪生並未因離開學校而感到孤獨悲傷，反而對讀書產生了濃厚的興趣。他博覽群書，對自然科學非常感興趣。從那時候起，愛迪生就喜歡擺弄瓶瓶罐罐，做各種科學試驗，而母親對此始終持支持和鼓勵，這種肯定使得愛迪生對科學的興趣更加濃厚，為他今後的各項發明奠定了基礎。愛迪生一生都在發明創造，光是在專利局正式登記的有一千三百種左右，當初被趕出學校的「低能兒」成為了名副其實的發明大王。

愛迪生之後回憶道：「我的母親是我成功的因素。她是很真誠的，我十分肯定；並且讓我感到我需要為某事生存，我不能使她失望。」

愛迪生的「甜頭」不是在學校吃到的，而是媽媽給的。這說明什麼呢？孩子在某個領域沒有被肯定並不要緊，畢竟人與人的擅長點有所不同。有的孩子在學校中表現平平，在社會中卻如魚得水。在哪裡吃到的「甜頭」都可以幫助孩子的積極成長，而家長便是「甜頭」的最佳提供者。

像揚威美國大聯盟的洋基王牌投手王建民，以及2008年京奧8金得主菲爾普斯都是最好的例子，我們可以說英雄不是天生的，是父母造就出來的。

活用「激將法」

「激將法」是培養孩子積極力的一種策略，但如果用得不好，往往會弄巧成拙。那麼，作為父母，應該怎樣根據孩子的性格，活用「激將法」呢？

《孫子兵法》有「怒而撓之」的說法，意思是對於易怒的敵將，要故意挑逗他、激怒他，這樣他就會失去理智，輕舉妄動。簡單來說，「怒而撓之」就是一種激將法。

其實，激將法不只可以用在敵人身上。台灣卡內基訓練創辦人黑幼龍在他的《黑幼龍慢養教育》一書中，就提過家裡的那一隻黑羊：黑立國。上大學前整天不好好學習，體育老師為了激起他的上進心，便選他當校隊的隊長。最終，這個學生被激發了潛力了，發誓要努力考到國立大學給老師看看。於是他整個人都改變了，竟然成功地考進了醫學院，不到三十歲就當了醫院的院長。這時，黑立國才明白，當初的激勵、諷刺或挖苦其實都是老師使的激將法，真是用心良苦啊！

從這些報導，很多家長恍然大悟：激將法還能這樣用啊！從此視激將法為教育法寶，時常用在自己孩子身上。

但是，激將法真是「放諸四海皆準」的無敵教育法嗎？我們使用激將法，一般都是為了促進事情的解決，但是激將法的使用要特別考慮對象。這種方法並非適用於所有人身上，有些人心思縝密，遇事不驚不急，這種人就非常不適用於激將法。有些家長一味迷信此法，而不注意去分析自家孩子的特點。結果，便無意中說出傷害孩子的話來，本來是想狠心去激發孩子的上進心，結果呢？孩子的上進心非但沒被激發出來，反而摧毀他原有的自信。

請記住，激將法並非適用於所有的孩子。在教育孩子方面，年齡比較小的孩子比較容易採用激將法。

舉例來說，一個頑皮的孩子，由於好奇，纏著媽媽買了隻小烏龜。第二天早晨起床後，他就迫不及待地要幫小烏龜洗澡，可是又不敢碰牠，又不知怎麼把牠從盤子裡拿出來，於是請媽媽來幫忙。媽媽說：「不就是一隻小烏龜嘛，沒什麼好怕的。」但是，媽媽還沒有碰到小烏龜的背，就將手縮回來，說：「這是你要買的，應該你照顧才對，媽媽不會來幫你的。而且，這麼小的烏龜也不會咬你。」兒子笑了：「原來媽媽也怕小烏龜啊，不然怎麼會不敢把牠拿起來呢？還是看我的吧！」說完便伸出手，大膽地把小烏龜拿了出來。這位媽媽的激將法就很巧妙，她當然不是不敢去拿小烏龜，而是想假裝害怕激起兒子內心的勇氣。

在使用激將法時，不僅要注意孩子的個性，還要看看使用激將法的時機是否合適？比如，老師在班上宣佈下午有外校的教學輔導團來

聽課，他們準備來試聽老師講課的內容是否能激發學生的興趣，提高同學們的參與度。老師擔心平時發言踴躍的同學，會因為來了很多專家學者而不敢發言，影響上課氣氛。因此，他緊接著說：「聽說別的老師為了激發全班的聽課氣氛，還事前演練了一番。大家想想，我們班要不要這樣呢？」班裡的同學一聽，爭強好勝的心立刻被激發起來了，大家立刻齊聲道：「不用！我們馬上就可以了，一定會讓考察的專家滿意的！」而下午的課上，這個班裡的每個同學都表現積極，果真讓各位學者連連稱讚。這位老師用別班來激發本班學生的自信心，實在不失為一種聰明的方法。

　　當然如果在孩子遇到失敗之時，家長說：「再這樣下去，我看你根本沒什麼前途！」「人家某某某就不會犯你這樣的錯誤！」「你真是豬頭兼白目！」等等諸多打擊孩子的話語，這樣反而會讓失意的孩子看不到希望，而乾脆整個放棄，不再去努力爭取好的結果。這樣的話，激將法就與家長原來的善意背道而馳了。

　　我們做事要注意「量」的問題，恰到好處的話可以一石激起千層浪，但是做得過了便會產生會過猶不及的下場。過度的愛，會變成溺愛；過度的激將，則會引出「敗將」。

就要積極點

不怕
孩子失敗

在孩子成長的道路上，失敗在所難免，而且是必須經歷的。作為父母，要允許孩子失敗，更要鼓勵和引導孩子從失敗中走向成功。

《舊唐書·裴度傳》中說：「一勝一負，兵家常勢。」一個人的成長過程，就是在不斷的失敗之中，尋找與把握成功機會的過程。失敗是成功之母，沒有失敗談何成功，而沒有遭遇挫折的人生，可以說是不完整的人生。

「成功」，人人企盼，但卻並非唾手可得。這期間難免會有失敗不期而至，既然失敗在所難免，難道我們就為了避免失敗，而停滯不前嗎？當然不是，我們應該坦然面對失敗，繼續向前。

小安內心深處有件封存已久的故事，這件事也改變了他的人生觀和做事風格。

幾年前，小安大學畢業時，有一堂課的畢業成績被老師打了不及格，這件事對於那個年齡的小安來說，無疑是重大的打擊。因為他已經為畢業後設定了各種方向，卻因為這個不及格，不得不取消所有的計畫。擺在他面前只有兩條路可走：一是重修，下半年畢業時才能拿到畢業證書。二是不要畢業證書了，乾脆一走了之。

小安終於忍不住告訴母親這個事情，並且大發脾氣。母親安靜的聽小安講述了這幾天的心情變化之後，對他說：「小安，你說的話大部分都很對，確實，很多名人沒有令人羨慕的畢業證書，像比爾‧蓋茲（William Henry Gates）就是哈佛最有名的中輟生，也獲得了舉世矚目的成績。將來，也許你不一定非要這堂課的知識來獲取成功，也或許畢業後，你一輩子再也不會碰這門學科的知識。但是你對於這堂課的態度，卻會影響你今後的做事。」

小安非常不解的問：「什麼意思？我沒有聽懂。」

母親繼續道：「媽媽給你一個建議，好嗎？我知道你對於這堂課不及格相當失望，我非常理解你的感受，也不會責備你，但是請你換個態度來面對此事。」

「換個態度去面對？」小安問道。

「對，用積極的態度去面對此事，這門功課對你很重要，請繼續重修它，取得學位後也要繼續原本的計畫。記住這個教訓，你會明白，你在這個過程中，得到的將會遠遠比失去的多。」

小安重修了這門功課，而且以非常優異的成績畢業。他拿著畢業證書飛奔回家，將這個好消息告訴母親，感謝母親曾經給予的建議。

誠然，我們都期望孩子能夠一帆風順地成長，但人生路上，現實

往往不會如期待般美麗，甚至如故事中小安一般「運氣不好」的人也並不少見。因此，孩子面對失敗、跌倒，該怎麼辦？這便是擺在每位家長面前的難題了。在心理學上，「挫折」的定義是：當人的有目的活動受到干擾時所表現的情緒狀態。培養孩子對抗失敗的能力，並不只是單純地讓孩子吃點苦、受點累，而是潛移默化地從內在培養出孩子的耐挫折能力。

挫折教育的前提在於家長的配合。首先，家長要放開手腳，讓孩子走出「愛的舒適圈」，不要怕孩子餓著、累著、摔跤、跌倒……孩子自己能解決的事，家長絕對不要幫忙，更不要未雨綢繆地把孩子前進道路上的障礙清除得一乾二淨。孩子在學習走路，會跌倒很多次，我們要鼓勵他們自己站起來。經過很多次的跌倒，很多次的失敗，他們會慢慢摸索出雙腳穩定站在地上，不會跌倒的法則。

總有一天，孩子要學會獨立面對生活中的一切。相信所有家長都無法否認：父母再有能力包山包海，也不可能包辦孩子一生中的所有困難。事實證明，很多小時候被「眾星拱月」的孩子，在長大成人後往往還會沉浸在老師和家長為他預設的「完全成功」的溫室環境中，久而久之就只能接受表揚、而不能接受一絲一毫的批評。這樣的孩子在社會上，偶爾受到拒絕和指責，便會走向性格的另一個極端——對自己完全喪失信心。

當然，另一種情況也需要家長們的注意：如果孩子在年齡極小時便學會了「過度超然」，將失敗看作家常便飯，毫不在乎。對於這樣的孩子，我們不能太過放心樂觀。如果小時候就把成功和失敗看得過於淡然，對於失敗全然不顧。那麼，時間久了，發生了更大的錯誤他

們也可能不在乎，容易產生「一失足成千古恨，再回頭已百年身。」
對於失敗的視若無睹和過於「無所謂」的態度，會使孩子太早失去對
生活的追求與樂趣。

學會說善意的「謊言」

善意的「謊言」其實是一種溝通的藝術。在培養孩子的過程中，父母的一些善意的謊言，往往能收到一些意想不到的效果。

　　「謊言」之所以稱之為謊言，正是因為它是虛假、不真實的。一個人如果經常說謊，就會慢慢失去大家的信任，最終甚至導致眾叛親離的惡果。

　　誠實是一種美德，「狼來了」的故事一代代流傳，成為家長教育孩子的經典。從前有個放羊的孩子，放羊閒著無聊，便想了個辦法捉弄山下種地的農民。他站在山上喊著：「狼來了，狼來了！」農民們聞訊爬上山來，沒有發現狼，只看到一個孩子。放羊的孩子忍不住大笑道：「根本沒有狼，你們被騙啦！」農民只好生氣的下山。又一日，他又想再次捉弄正在辛勤勞作的農民，於是又朝山下喊：「狼來

了，狼來了！」農民再次趕來，還是沒發現狼，大家知道又受騙了，只好又悶悶的走下山。第三次，狼真的來了，放羊的孩子再次朝山下喊：「狼來了，狼來了！」這次，再也沒有人相信他了，於是所有的羊都被狼吃了。故事說完了，我們最後總會對孩子說：「看吧！那個喊著『狼來了』的孩子，就是說謊者的必然下場。」

誠實是孩子要堅守的道德底線，但是做家長的也要知道，這個世界上還有一種「善意的謊言」。美國著名作家歐·亨利（O. Henry）的小說《最後一片葉子》裡，就講述了一個善意謊言的故事。當生病臨終的老人，望著凋落的葉子而淒涼絕望之際，充滿愛心的畫家在那棵即將死亡的樹上，用畫筆精心勾畫了一片綠葉。這片畫出的綠葉在窗外閃閃發亮，重新喚起老人對生命的希望，綠葉一直維持著老人的那一點生命之光，直到它完全熄滅。父母一句善意的謊言，可以讓涉世未深的孩子臉上露出燦爛的微笑；老師一句善意的謊言，讓彷徨的學生不再困惑；醫生一句善意的謊言，讓瀕臨死亡的病人維持一段生命之光……

對於孩子來說，善意的謊言也有另一種形式的呈現。它有時也可以作為一種「激將法」，有著意想不到的效果。

有位朋友曾經分享她教學的實例，她班上有個叫可欣的女孩，從她的文筆就可以看出寫作的天賦。但可欣本人卻一直認為自己的作文不好，因為國文老師從來沒有給她的作文打過六級分的成績。後來可欣在寫作文時，總是要自己多看一些資料，以求精進。但是有一次，可欣被叫到辦公室，國文老師告訴她：「可欣，你的作文這次寫得實在太差了，我不得不要你重寫了。」可欣心想：「老師怎麼這樣看不

起我？哼，一定寫出個成績讓你看看！」

　　之後，可欣再寫作文時，總是翻閱更多資料，還自動自發去上了作文輔導班。她發現，她越來越喜歡寫作文。

　　一天，市內舉行一次作文比賽，老師要求大家認真準備作文，希望可以獲得很好的成績。同學們都認真的準備，可欣當然也不例外。

　　一周之後，國文老師臉上帶著笑容走進教室前，她高興地宣佈：「同學們，在這次的作文比賽中，我們班的可欣獲得比賽第一名，請大家恭喜她！」

　　可欣在大家的掌聲中，驚訝地接過老師遞過的作文第一名獎狀，她原本沒有想到自己的作文能得到如此之高的獎項。後來，隔壁班的老師向她「透露」了所有秘密：「可欣呀，不知道國文老師用心良苦嗎？她很早發現了妳的寫作天賦，不給妳高分、告訴妳寫得不好，其實都是善意的謊言。她想讓妳充分發掘自己的天賦，積極努力練習。現在成績出來了，妳要明白她的用心良苦啊。」原來最該感謝的，正是這位內心為學生進步而歡欣，嘴上卻說著善意謊言的國文老師。

就要積極點

學會
懲罰孩子

當孩子犯錯時，如果沒有記取教訓，往往會讓孩子犯同樣的錯誤；而一旦懲罰孩子，又會打擊孩子的信心和積極力。那麼，在孩子犯錯時，父母應該怎樣懲罰孩子，才能做到恰到好處呢？

美國著名心理學家史基納提出「操作條件性刺激」的概念。他認為，人的大多數行為都是自願的，由於該行為導致了一個結果，這個結果決定該行為出現的頻率該增加或者減少。簡單的說，若是我們的行為產生了美好的結果，我們就會重覆這種行為，如果產生的結果不如人意，就會抑制它。

比如說，嬰兒第一次發出「媽媽」的發音，並得到了媽媽的愛撫，嬰兒的這一行為導致了媽媽愛撫的良好結果，那麼再次發出「媽媽」的音，媽媽再次給予愛撫，嬰兒的這個行為就得以強化；我們在

馬路上隨意停車，並離開車子進入超市。購物而歸時發現，車上多了張罰單，警告我們不要亂停車。罰單也是強化，讓我們亂停車的行為得到了抑制。前者稱為正強化，後者稱為負強化，不管是正強化，還是負強化，都能使我們某個行為的可能性增加。

然而懲罰剛好相反，懲罰的主要目的是抑制某種行為。阿哲在家裡犯了錯誤，媽媽懲罰他，要他一天禁足在屋子裡反省錯誤；小亮在學校和小朋友打架，老師通知家長。爸爸非常生氣，本打算週末帶他出外郊遊，於是取消郊遊。這也是一種懲罰。前者稱為正懲罰，後者稱為負懲罰。不管是正懲罰，還是負懲罰，都是使我們的某種行為的可能性減少。

心理學家認為某些情況下可以使用懲罰，尤其當孩子們被抑制的行為十分危險的時候。但是有些情況下，懲罰好比一把雙刃劍，不但沒有產生抑制行為的作用，反而導致不利後果。懲罰不力，使小孩子產生叛逆心理，一旦不再懲罰或者沒有被人看見的時候，不良行為就會捲土重來。

現在，更多的研究者傾向於採納懲罰的資訊加工模型。在此模型中，懲罰會給孩子帶來焦慮、惶恐等消極情緒，但孩子是否就此停止錯誤行為，則要看孩子對於懲罰的歸因。如果孩子將受懲罰的不良感受歸咎於家長、老師的管教，那麼當家長和老師不再關注時，不良行為就會再犯。反之，如果孩子因為家長或者老師的教育而感到內疚或羞愧，繼而認識到自己的錯誤，那麼不良行為在沒人關注下也會受到抑制。因此懲罰作為抑制有效的抑制手段，要想發揮它的優勢，我們在使用它時需要遵循一些原則：

就要積極點

1. 懲罰要及時。如果小孩子在家裡總是亂扔玩具，媽媽只是說：「等你爸爸回來再懲罰你。」這樣的懲罰顯然沒什麼效果。此時媽媽要當即立斷，要孩子進房間思過。

2. 懲罰要堅決。實驗證明，對孩子大聲喝斥比小聲說道更有效。但是堅決並非過分嚴厲，過度嚴厲會使孩子產生恐懼感，並使孩子產生逃避和害怕心理。有效的懲罰，就是要讓孩子感到家長堅定的立場。

3. 懲罰要有連續性。孩子再犯時，家長還是要懲罰，使懲罰在孩子腦海裡深刻記憶，就是強化，繼而徹底避免孩子的不良性為。

4. 懲罰時儘量杜絕使用體罰。懲罰的方式很多，最好經常使用一些負懲罰，像是取消孩子原本有的一些特權。

5. 懲罰要以正向思考做基礎。如果懲罰以嚴厲、冷漠的態度實施，孩子會出現叛逆心理，教育效果當然也大打折扣。作為實施懲罰的家長或者老師，都要在懲罰時懷有正向思考，這樣的結果會比較積極，一旦孩子明白自己的錯誤，就會容易理解懲罰背後的鼓勵。

最後，不要忘記解釋懲罰的原因，這對孩子很重要，尤其對於自我意識和思考能力較強的孩子更為重要。我們與孩子是平等的，讓他明白為什麼受到懲罰，還要讓他明白這個錯誤會導致什麼後果。透過實施懲罰的家長或者老師的講解後，孩子一定會受益匪淺，並且能夠主動控制錯誤的再次發生。

善於發現
孩子的進步

聰明的父母，總是善於發現孩子的任何進步，在他們處於低潮時送上鼓勵和期許，使他們保持積極進取的狀態。

　　有許多孩子對自己缺乏信心，瞧不起自己，經常感到自卑，總是認為自己不行……孩子的消極心理狀態，會使自己沮喪、失望，以致悲觀、孤僻。怎麼幫助孩子克服消極的心理狀態呢？有一個方法，就是多在他們身上發掘出小小的光芒，讓他們恢復自信和保持積極力。

　　一位教育家曾經指出：「教育學生的全部秘密在於相信學生，首先就要賞識學生。」賞識能使每個學生感受到希望，讓每個學生充分感受到尊重和滿足的愉悅。教育的秘密是什麼？就是教育者要把整個心靈獻給孩子們。因此，就要積極發現孩子的每個小小的進步和成功，重視每次成功的經驗。成功的經驗越多，孩子的自信心也越強，積極力也越高。

一位陳老師在工作日誌裡記載了一個故事，我們可以從中學習到發現孩子進步的啟示：「班上最近轉來了一個活潑好動的男孩小皮，不但管不住自己，又常常干擾同學們的學習，沒來幾天，就成為班上的搗亂大王。我多次採取正面教育，但都難以收到效果。有一天的午休，高年級的同學在操場上做健康操，小皮竟跟在隊伍後面，學得有模有樣。剛開始，我對他的怪行為只是無奈地搖搖頭，但很快我注意到：在學做體操的時候，小皮不僅接受快，動作也很正確，協調性、靈活性都明顯高於其他同學。這些發現使我有了一個大膽想法：何不讓他發揮這個優勢呢？於是我在班上同學們的一片疑惑與懷疑中，拍著他的肩膀誠懇地說：『小皮，你來帶領大家做體操吧。試試看，老師相信你一定會很出色的！』在我的鼓勵下，小皮開始帶領大家做健康操了，他做得真的很出色。而且我驚喜地發現，他也在悄悄地改掉自己身上的不足，不再搗亂多嘴，人也慢慢沉靜下來。」

這位聰明的老師，賞識到這個曾經被人忽視的男孩，正是這份賞識帶給他一種成功的體驗，和不斷進步的動力。從此以後，這位老師常常刻意發現學生——特別是邊緣學生身上的小小光芒，並透過作業評語和聯絡簿評語等多種形式，及時與學生交流，受到了學生的普遍歡迎，也使更多的學生找到自信，品嘗了成功的喜悅。

即使是最膽怯的孩子，偶爾也會有大膽的舉動；即使是最調皮的孩子，也會有他擅長的方面；即使是成績差的孩子，也能在某個科目取得優異的分數。每個孩子都有自己所擅長的，而身為家長和教育者，要盡量彰顯他優勢的那一面，並以此傳遞給他信心和繼續努力的動力。

上面的那位陳老師還在日誌中，記述了下面一個例子：「我的班裡有這樣一個學生，他的國語文成績很優秀，但是英語極差，連二十六個字母也認不全。對英語學習，他表現得非常消極，並且對於所有與英語相關的東西都毫無興趣，連英語考試時也經常乾脆交白卷。我一直想找到一個突破口改變他對英語的這種態度。一次在批改作業的時候，我偶然發現他的英文字寫得很漂亮，於是我在評語裡寫道：『你的字很好看，相信你一定會把英語學好。』就是這樣一句簡短的鼓勵話語，在他身上漸漸引起了改變。沒過多久，一次英語段考中他得了三十分。我決定繼續鼓勵他，在卷子最後寫道：『從○分到三十分，已經是很大的進步，期待你下次取得更優越的成績，相信憑你的努力會取得更大進步！』不久，第二次英語段考又到來了，他考了五十九分。我又在卷子中寫道：『恭喜你，不過我想下次你肯定能突破六十大關！』果不其然，第三次段考，他取得了六十五分的成績，這對於他自己來說簡直是創下了紀錄。此後他的自信心受到鼓舞，一直積極學習英語，並且進步真的很大。」

　　羅曼‧羅蘭（Romain Rolland）曾說過：「生活中不是缺少美，而是缺少發現美的眼睛。」作為教育者，我們的任務就是從孩子的身上發現美好，並且大聲地告訴他們。擅於教育孩子的人，應該具有一雙隨時發現孩子光芒的的眼睛。透過家長的發現，讓孩子發現自己的優點。

　　俗話說：「良言一句三冬暖，惡語一句六月寒。」在教育孩子過程中，多一點表揚，少一點批評；多一份肯定，少一份否定；多一點讚許，少一點挖苦；與其責罵動氣，不如賞識表揚。家長和老師們不

要再吝惜說：「你太棒了，繼續加油，你會做得更好！」這樣的作用可比一句「不能下課，要把作業補寫完」要大得多哦！

失敗了？
我們一起分析吧！

面對失敗，孩子心灰意冷。家長既要送上安慰和鼓勵，更要和孩子一起分析失敗的原因，啟發他發現不足，積極前進的方向。

　　人們在面對失敗時，都會本能地產生一種消極的情緒。這是正常的，我們要做的就是儘快擺脫這種消極情緒，避免它影響我們的進一步發展。小孩子的心理調節能力較弱，一旦失敗就有可能長期受到消極情緒的影響，自我懷疑，畏縮不前。這時，家長們除了及時送上安慰和鼓勵之外，更要幫助他們分析失敗的原因，使他們重拾進步的信心。

　　愛蜜莉是一個十二歲的美國女孩，她搬到了新家，因此也換了學校，不能見到往日的老朋友，失去了很多歡樂。由於心情不好，加之老師講課的口音嚴重，她第一次考試就沒有通過，非常傷心。愛蜜莉

就要積極點

的父親是個廚師，一天，正在廚房煮咖啡的他看見愛蜜莉進入廚房，便問她：「孩子，妳看到了什麼？」愛蜜莉無精打采地說：「咖啡豆。」爸爸讓愛蜜莉嚐了煮熟的咖啡豆，她馬上品嚐到了咖啡那股特有的濃香。爸爸說：「咖啡豆進入鍋中，非但沒有改變自己的本色，反而改變了水的顏色。我們在面臨失敗時，也應該學習咖啡豆的精神，不要讓環境影響我們，而是要積極去適應環境。」愛蜜莉恍然明白了自己所缺乏的，於是她調整心態，積極地適應新環境。不到三個月時間，她的成績就迎頭趕上，和同學們相處融洽，並且在自家附近結識了很多要好的朋友。

然而，像愛蜜莉的爸爸這樣，在孩子失意時為他們分析原因，是很多家長所忽視的。孩子遭受失敗，許多家長會責備孩子，即使送上安慰和鼓勵，也常常流於表面，對孩子幫助不大。真正能夠跟孩子靜下心來，一起討論、分析失敗原因的家長，少之又少。此外，跟孩子分析失敗原因，切忌簡單歸納，想當然而且千篇一律地說孩子「笨」、「不認真」、「不專心」、「偷懶」、「貪玩」……等等。在分析原因時，家長語調要誠懇，要注意自己的說話方式，分析要入理，能夠提出具體可操作的建議，這樣才能實實在在地幫助孩子，使他們恢復信心和積極力。

我們再來看一個例子。美國生物學家謝靈頓（Charles Scott Sherrington）曾是街頭小混混，整個地區沒一個人喜歡他，他也並未因此而改過，依然我行我素。一日，他向自己心愛的女孩求婚，那女孩說：「我寧願跳河淹死也不要嫁給你，滾吧！」遭受拒絕之後，謝靈頓感到無地自容，這件事對他的打擊很大，並且使他痛改前非。

但他對被拒絕仍然百思不得其解：我真的這麼惹人討厭嗎？他將這件事告訴了自己的父親，而父親則冷靜地分析了他平時的所作所為在鄰居眼中的印象，謝靈頓聽後從此幡然醒悟。開始把調皮搗蛋的心思專注於事業之上，之後的他簡直換了一個人：他先後在英國多所知名大學任教。一九三二年獲得諾貝爾生理學、醫學獎。謝靈頓的父親非常聰明，他巧妙地抓住謝靈頓被心愛女孩拒絕後深受打擊的心理，成功地為他「上了一課」，而謝靈頓也很爭氣，他省悟之後很快找到了人生的座標，成就了以後的自己。

　　我們要啟發孩子，失敗並不可怕，只要勇敢的面對失敗，客觀分析眼前的「敵人」，抓住失敗背後的機會，一樣可以得到令人矚目的成績。發現小兒麻痺症疫苗科學家沙克（Jonas Edward Salk）就是個成功典型。他足足經歷了兩百次的失敗的試驗，才得到發現小兒麻痺症疫苗的結果。有人問他：「失敗兩百次之後，你怎麼還會有信心做下去呢？」面對這個看似很刻薄的問題，這位科學家只是輕鬆地回答：「很幸運，在我的家庭裡，沒有人認為我前面那兩百次試驗是失敗的。」無論是失敗還是成功，他都得到了家庭的支持。

批評孩子
的藝術

批評是為了改正。但是，不一樣的批評方法，得到的效果也是完全不同的。恰當的批評，有助於孩子發現不足，恢復自信和積極進取的動力。

對老師和家長來說，批評和表揚一樣，都是教育、鞭策孩子不斷進步的手段。恰到好處的運用這些方法，可以督促孩子們改正自己的缺點和錯誤，積極進取，奮發向上。

批評是一門藝術，是基於對孩子的愛，是真誠的思想交流。它透過舉手投足，一顰一笑與孩子交流，以情促教，以景促教，繼而達到「不憤不啟，不悱不發」的效果。由於孩子的個性迥異，要具體問題具體分析，採用不同的批評方式。

古希臘醫生希波克拉提斯（Hippocrates）認為人體內有四種液體：粘液、黃膽汁、黑膽汁、血液。希氏學派認為疾病乃體內四液失調之

結果，倘若為體格強健者，則四液之量均等。當四液之量失調時，人即生病，直至回復平衡，方告痊癒。後來的羅馬醫生蓋倫（Galen）進一步確定了氣質類型，提出人的氣質類型是：膽汁質、多血質、粘液質、抑鬱質。當然，四種氣質類型各有各的優缺點：

四種氣質類型人的特點簡述表

氣質類型	優點	缺點	高級神經活動過程	高級神經活動類型
膽汁質	熱情開朗、直率坦誠；精力旺盛、喜好新鮮；愛恨分明，決策果斷。	容易衝動、性情急躁；不易與人合作；做事較少考慮。	強、不平衡	不可遏制型
多血質	感情外露、性格直爽；思維敏捷、常有創新；活潑熱情、善於交往。	做事缺乏耐心和毅力；情感易不穩定；不易與人做深交；見異思遷。	強、平衡、靈活	活潑型
粘液質	情緒穩定、安然恬靜；思維細密，自控力強；耐受力高，重情重義。	有時會缺乏生氣；行動能力不強；安於現狀，因循守舊。	強、平衡、不靈活	安靜型
抑鬱質	情感細膩，性格穩定；思維敏感、想像豐富；踏實穩重、自製力強。	舉止緩慢，不善交際、孤僻離群，軟弱膽小，怕擔責任；優柔寡斷。	弱	抑制型

在生活中，單一氣質的人並不多，絕大多數的人是四種氣質互相混合、滲透。我們可以根據孩子們的氣質偏向類具體問題具體分析。在認真區分孩子所屬氣質後，根據不同氣質孩子特點，分析與之對應的高級神經活動過程和高級神經活動類型，因力勢導、因材施教、揚

就要積極點

長避短，省時省力且效果顯著。

　　對於偏向膽汁質的孩子，最好採用商討式批評方法，即採用商討的方式，心平氣和地使他在一種友好的氣氛中自然接受批評或者意見。對於偏向多血質的孩子，最好採用參照式批評，即借助他人的經驗教學，使用對比的方式烘托出批評的內容，讓被批評者感受到客觀上的某種壓力，使其自我反省。對於偏向粘液質的孩子，宜用觸動式批評，即批評時措詞較尖銳，語調較激烈，但絕不能諷刺挖苦、肆意辱罵。而對於偏向抑鬱的孩子，宜用發問式批評，也就是將批評的資訊，以提問的方式傳遞，孩子們自然會意識到，並加以注意；或採用漸進式批評，即批評時對錯誤不「和盤托出」，而是逐步傳達出批評的資訊，使對方從不適應，到逐步接受。

就要不積極點

第25招
給孩子
一本好書

好的書籍是每個孩子的良師益友，更是孩子獲取知識的泉源，同時也是孩子成長路上的燈塔，指引孩子走向輝煌的人生大道。

人類歷史綿延不斷，一代代傑出人物雖已先後作古，但他們的智慧和事蹟，卻以書籍的方式傳承下來。一本好書，或包含恆星般璀璨而睿智的思想，或描述鋼鐵般堅強而傳奇的人物，或記述海嘯般鼓蕩而不凡的事蹟。而所有的這些，將會透過孩子閱讀，如一股清泉緩緩注入孩子的心靈深處，並影響著他的一生。

莎士比亞認為「書是全世界的營養品」，俄國文豪高爾基（Maksim Gorkiy）則認為「書是人類進步的階梯」，德國偉大作家歌德（Johann Wolfgang von Goethe）更認為「讀一本好書，就是在和許多高尚的人談話」。的確，一本好書可以如春風化雨，使枯萎的心靈長

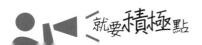
就要積極點

出新芽；如撥雲見日，驅除心中的陰暗；如沙漠甘泉，滋養讀者乾渴的心靈。它可以使迷茫的人清醒，使浮躁的人安寧，使悲觀的人變得積極。因此，一本好書，常常令人百讀不厭，使人沉醉其中，並引起強烈的共鳴，進而激發出強大的精神力量。

年輕的孩子由於涉世未深，人格尚未成型，極易受到外界事物的影響。因此，我們給孩子一本好書，實際上也是在教孩子保持樂觀和積極向上的方法。尤其當孩子遭受挫折而鬱鬱不振，開始自我懷疑，甚至產生自卑心理時，若父母能及時給孩子送上一本很好的勵志圖書，將會為孩子的身體注入一種全新的力量，讓孩子重新找回那份自信。

當然，由於智力、心理水準的差異，不同年齡段的孩子，對圖書的需求也會有所差別。對於年齡較小（九歲以下）的孩子，應該多讀一些內容較為簡單、語言淺易、篇幅較短、形式活潑有趣的勵志類圖書，特別是一些成長、勵志性質的童話；對於年齡稍大（九－十四歲）的孩子，由於認知能力已大大增強，就應該試著讀一些名人傳記和勵志小說；而對於十五歲以上的孩子，其心理和智力已日益成熟，則可以讓他讀一些時下最流行的勵志圖書。

下面，我們就各個年齡段列出若干勵志類書目，以供家長們參考，並根據需求推薦給孩子閱讀。

適合九歲以下孩子閱讀的書目

書名	作者／出版／日期	內容簡介
孩子一生的閱讀計畫（修訂版）	天衛編輯部／天衛文化／2002年04月15日	本書依學齡前、小學、中學分成三大部分，涵蓋了零到十八歲的閱讀計畫。 第一部分主要在引介父母如何從小培養孩子對書的感覺與閱讀習慣。第二部分著重於幫助孩子突破閱讀障礙，並將閱讀與課業結合。第三部分則說明除了讓孩子會讀書外，更該進一步讓他們去思考、體會書中的智慧，從而擴大閱讀的樂趣。 本書除了理論與實用兼顧之外，並結合了生活學習，可深入淺出地幫助父母帶領孩子一同進入豐富的閱讀世界。
木偶奇遇記	卡洛‧柯洛狄（Carlo Collodi）（義大利）／天衛文化／2002年07月26日	孤獨的老木匠杰佩托把一段得來的木頭刻成一個又會唱歌，又會跳舞的小木偶，並取名叫皮諾喬，希望皮諾喬是一個聽話的好孩子，可以陪伴孤獨的老杰佩托。可惜皮諾喬很頑皮，不僅賣掉老杰佩托買給他的識字課本，還翹課跑去看木偶戲。結果差點被木偶戲班班主吃火人當成木材燒掉，後來又上了狡猾的狐狸以及貓的當，他不聽蟋蟀先生的忠告，又落到殺人強盜的手裡。最後被騙到「玩兒國」，變成了一頭驢子。他一路上受到美麗仙女的幫助，但不聽勸告的結果使得前面的路更加困難重重。 小木偶皮諾喬最後要如何突破一切的厄運與難關，回到親愛的老杰佩托身邊，並成為一位孝順懂事的好孩子呢？
格列佛遊記	約拿旦‧史威夫特（Jonathan Swift）／企鵝／2006年12月11日	一本世界著名童話，熱愛航海的格列佛，在他的遠航行程中，經歷了一連串的探險與危機。 他曾被迷你小人「綁架」、被巨人當成奇特的「寵物兼搖錢樹」…… 但每次，格列佛都巧妙地利用他的智慧化險為夷，他的沿途所見不僅為你開拓眼界，更是智慧的提升機。

書名	作者／出版／日期	內容簡介
10歲前決定孩子的一生	周道男、李瓊珠、周佳敏／漢宇國際／2007年9月27日	猶太人的信念認為：「就算是普通的孩子，只要教育得法，也可以成為不平凡的人。」成功特質的多寡，決定孩子成就的高度。有的家長一直盯著孩子的分數，心情跟著上下起伏，有的家長雖然口口聲聲說成績不重要，但卻以補習班及才藝班填滿孩子的行程表。這樣長大的孩子出了社會，一定會成功嗎？愛孩子，要先知道如何幫助他們成功，而不是因為害怕輸了競爭而不斷要求他們。要孩子花所有精力把書讀好，不如培養他們的成功特質，才是對孩子最佳的幫助。

適合九到十四歲孩子閱讀的書目

書名	作者／出版／日期	內容簡介
窗邊的小荳荳	黑柳徹子（日本）／安妮斯頓／2007年03月15日	《窗邊的小荳荳》在日本推出之後，短期內造成六百萬冊以上的銷暢記錄！引起所有的評論家與讀者一陣大騷動，朝日新聞更以「小荳荳的併發症」為題，探討本書所帶來一連串的震撼與影響…… 小荳荳這個小女孩以那片純稚的童心，投入巴氏校園以後，所引起的種種生活、教育問題……是值得每個為人父母者、教育人士與社會大眾去關心的…… 本書最深具魅力的是，文辭流暢，介於詩與散文之間的優雅，正如同一位高中女生的來信，她說：想不到有如此溫柔的感覺……
假如給我三天光明	海倫‧凱勒（Helen Adams Keller）（美國）／文經閣出版社（創智代理）／2007年8月16日	如果你只有三天的光明，你會想看什麼呢？ 海倫‧凱勒，一個從嬰兒時期就又聾又盲的人會告訴你答案。 我的世界寂靜一片，但希望在我心底升起，一個聲音在我耳邊輕輕響起：「忘我就是快樂。」 因此他人看到光明，我的心裡也充滿陽光；別人聽到優美的弦律，我彷彿也聽到了曼妙之音；旁人臉上露出笑容，我也感到無比的幸福。
孩子一生的理財計畫	林滿秋／天衛文化／2008年04月10日	★讓孩子從小建立正確的金錢觀，他一輩子就不會為錢煩腦！ ★良好的理財觀念，是父母給孩子最大的財富！ ★一本深入淺出，易懂又實用的理財教育書！ 本書以貼近各種生活實況的例子，為父母示範良好的金錢教育方法，更有為不同個性的孩子量身打造的理財計畫，書末還附有各種理財方式的名詞解釋，一步一步地教孩子認識金錢、運用金錢，進而學會規畫管理、投資理財，是一本深入淺出，實用易懂的理財教育書！
二十四德－孩子一生的品格計畫	何家齊／旭智文化／2007年5月5日	市面上第一本專為青少年所寫的品德教養書。 二十四項品格、二十四篇雋永小品：閱讀的過程中，青少年讀者將被真實事蹟所打動，也將經驗到一種「善」的東西正在心靈中活動著。 書中附錄的電影和書籍，讓品格養成計畫更深入、更廣博。

就要積極點

適合15歲以上孩子閱讀的書目

書名	作者／出版／日期	內容簡介
心靈雞湯全集	傑克‧坎菲爾，馬克‧韓森（美國）／晨星／1995年7月30日	這是一本不同凡響的書，全書彙集生活中的平凡點滴，以三百多個故事為基礎，輔以哲理啟示，展現人性的偉大精神。讀完本書，會使孩子感覺對生命充滿熱情，並擁有更大的信心去追求夢想，憧憬美好的未來。在孩子面臨挑戰、遭受挫折和感到無望之時，這本書會給予力量；在孩子惶惑、痛苦和失落之際，這本書會給予慰藉。本書會成為孩子的終生益友，持續不斷地為他各個方面提供深沉的理解和智慧。
西洋哲學故事	威爾‧杜蘭（Will Durant）／志文／1993年2月17日	《西洋哲學故事》剛一問世，便成全球暢銷書，迄今仍享譽不衰。這本哲學書一點也不枯燥，作者以無比生動的文筆，縷述介紹歷代重西傑出的哲學家及各家思想派別的沿革發展。這種充滿智慧而不艱澀的作品，正是青少年最佳的哲學課入門書！
吸引力法則——心想事成的黃金三步驟	麥可J.羅西爾（Michael J. Losier）／方智／2007年10月31日	年輕人總是抱怨理想被現實擊垮，事與願違太多無奈。本書將給你指引一條通往心想事成的明路。「吸引力法則」是走向社會前必修的一課，本書會告訴你如何將「吸引力法則」化為具體行動力，通過簡單的三步驟：釐清願望、專注自己的願望、與願望合一，你會走出失望的陰霾，越活越快樂。
偉大的勵志書	奧里森‧馬登（美國）／晨星出版社／2001年06月30日	《偉大的勵志書》被世界公認為是振奮人心的最有力書籍，他成功地讓（美國）整個國家的態度由消極變為積極，影響了整個世界。在美國，許多州的教育廳長將本書列為學校圖書館必藏書目。本書幫助許多年輕人確立了生活的理想與目標，喚醒了他們的意志力，增強了他們的信心，激勵他們去勇敢地嘗試以前認為不可能做到的事情，去成功地創造以前決不敢奢望的美好生活。

給孩子一部好電影

電影給人立體化的享受，顯然比書本更有吸引力。一部好的電影，既能帶給孩子身心上的愉悅感，又能在無形中給予他們有益的啟示。

研究顯示，孩子以感性思維和形象思維為主，面對文字有一種天生的「惰性」。他們愛幻想，更容易接受「視聽語言」。他們喜歡鮮艷的色彩、鮮活的畫面、動聽的聲音，和有形的肢體語言。而這些要素，都能在電影中找到。

電影是視聽語言最好的表現媒介，喜歡幻想的孩子總能在其中找到慰藉。在亦幻亦真的電影裡面，小孩子們往往能夠找到他們所期待的影子。於是，年幼的心開始笑了，這個世界又多了一個和他一起幻想的夥伴，當他們快樂時，一部喜劇可以使得歡笑延續；當他們失意時，一部勵志影片則可能讓他們重新振奮；當都市中的孩子感到寂寞

時，電影便成了不離不棄的好夥伴——天文和地理、科幻和童話，這些題材的影片都可以作為滋養孩子心靈的雞湯。

　　有人說過：「沒有一部電影能夠完全被受眾接受和理解，不同的人看電影的角度肯定不同。觀眾挖掘的只是他們需要的部分，不會是電影的全部。」的確，成長中的孩子更加不可能將電影所表達的思想全盤吸收，更何況現在市場上還有那麼多「限制級」的電影。所以對於電影，家長們既要歡迎，又要保留適度的謹慎。為孩子推薦影片也要有很強的方針，絕對不能一股腦地把各種電影推到孩子面前。

　　選擇電影時需要負責的態度，電影「分級」首先要從家長做起，而不是只等著相關部門來訂立是否為輔導級或普遍級。為孩子推薦電影時，千萬不要以成人的標準考量，否則往往會「揠苗助長」。我們要在一定的範圍內，充分尊重孩子自身的興趣和選擇。當然，孩子的心智在每個生命階段都有不同的特點，我們應該依照他們在不同階段的特點給予積極的引導，他們才會茁壯地成長起來。下面的十五部電影是我們分別推薦給三個年齡階段孩子的「視聽大禮」，這些電影的內容和深度都符合相應的年齡特徵，可作為家長以後為孩子挑選電影的參考。

適合九歲以下孩子看的電影：

影片名／國家	導演／主演	影片好在哪兒？
獅子王（The Lion King）美國	羅傑・艾勒斯（Roger Allers）／馬修・鮑德瑞克（Matthew Broderick）	被稱為「卡通版《哈姆雷特》」，榮獲一九九五年奧斯卡和金球獎最佳原著音樂和最佳電影歌曲兩項大獎，成為迪士尼最成功的動畫電影之一。雖然是卡通題材，彌漫全片的濃濃人性關懷，和為了理想奮鬥的精神，是對低齡兒童最好的教育。
海底總動員（Finding Nemo）美國	安德魯・史丹頓（Andrew Stanton）／艾伯特・布魯克斯（Albert Brooks）、艾倫・狄珍妮絲（Ellen DeGeneres）	精美的製作，豔麗的色彩，感人的故事和維妙維肖的動畫特技。全片融合懸念、歷險、親情等諸多元素於一身，堪稱迪士尼和皮克斯公司有史以來最成功的電腦動畫影片之一。
綠野仙蹤（The Wizard Of Oz）美國	維多・佛萊明（Victor Fleming）／茱蒂・嘉蘭〈Judy Garland〉	改編自李曼·法蘭克·鮑姆（L. Frank Baum）的兒童經典讀物，影片為觀眾展現出一個充滿奇幻與「不可能」的童話世界，而充滿勵志色彩的結局又可以給孩子人生的啟示。
夏綠蒂的網（Charlotte's Web）美國	蓋瑞・溫尼克（Gary Winick）／達珂塔・芬妮（Dakota Fanning）	由位居「美國最偉大的十部兒童文學名著」之首的童話改編而成，被譽為「一首風行世界五十年，講述生命與愛的讚歌」，對孩子的愛心養成很有幫助。

就要積極點

適合9歲—15歲孩子看的電影：

影片名／國家	導演／主演	影片好在哪兒？
神隱少女 日本	宮崎駿 ／ 柊榴美	宮崎駿的經典作品，卡通中總能傳達出有益的哲理。生自安安，死亦碌碌，包圍人類的永遠是無解的未知世界。主人翁千尋「要讓自己找到本來的自己」的決心，無疑是對所有青年人的忠告。
侏羅紀公園（Jurassic Park） 美國	史蒂芬·史匹柏（Steven Spielberg） ／ 山姆·尼爾（Sam Neill）	這是一部視覺大片，也是一部想像力大片。可促進孩子對科技自然謎題等問題產生濃厚興趣。透過由電腦技術設計的恐龍滿足人們對恐龍的所有好奇。獲第66屆奧斯卡最佳視覺效果等三項金獎。
企鵝寶貝（The Emperor's Journey） 法國	呂克·賈蓋（Luc Jacquet）	紀錄南極皇帝企鵝的生存和繁衍的故事。影片展現了南極大陸內部，皇帝企鵝的堅持、勇氣、抗爭和它們堅貞的感情。情節感人，最適合溫馨的小家庭合看。
小鬼當家系列電影（Home Alone） 美國	約翰·休斯（John Hughes） ／ 麥考利·克金（Macauly Culkin）	《小鬼當家》系列是美國電影史上總票房排名第9的影片，也是美國有史以來最優秀的喜劇片之一。主人翁樂觀、智慧、堅韌的形象感染了眾多孩童。相信你的孩子看後，也會由衷為自己的「小鬼」身份而驕傲自豪！
鐵達尼號（Titanic） 美國	詹姆斯·卡麥隆（James Cameron） ／ 李奧納多·迪卡皮歐（Leonardo Dicaprio）、凱特·溫斯蕾（Kate Winslet）	這是電影史上耗資最大的電影；一部永不沉沒的愛情絕唱；一部驚醒人類審視自身劣根性的世紀箴言。對於9-15歲的孩子，此片可以作為愛情教育的啟蒙哦！

適合15歲以上孩子看的電影：

影片名／國家	導演／主演	影片好在哪兒？
阿甘正傳（Forrest Gump）美國	羅勃辛密克斯（Robert Zemeckis）／湯姆・漢克斯（Tom Hanks）、羅蘋萊特（Robin Wright）	片中的傻子阿甘正是每個人心中那曾有的純真年代的代表，它能告訴初涉社會的青少年善良和執著的真諦。而裡面的經典台詞：「人生有如一盒巧克力，你永遠不知道你將會拿到那一顆」流傳至今。
英雄本色（Braveheart）美國	梅爾吉勃遜（Mel Columcille Gerard Gibson）／梅爾吉勃遜（Mel Columcille Gerard Gibson）、蘇菲瑪索（Sophie Marceau）	主題深沉凝重卻又不失輕快，視覺和音樂效果一流而不失宏大。史詩般的片子，豐富情節給年輕的心以震撼，而影片的悲劇結局又足以使得所有觀者淚流滿面。
刺激一九九五（The Shawshank Redemption）美國	法蘭克戴瑞邦（Frank Darabont）／提姆羅賓斯（Tim Robbins）、摩根費里曼（Morgan Freeman）	這部1995年拍攝的電影人，無論從情節、主題、演員還是音樂的配合來說都是影史經典力作。它獲得8項奧斯卡提名，堪稱現代版本的《基督山恩仇記》，更成為影迷心中永恆的經典。
放牛班的春天（Les Choristes）法國	克里斯巴哈蒂（Christophe Barratier）／傑拉爾朱諾（Gérard Jugnot——Clément Mathieu）、狄迪爾・弗拉蒙（Didier Flamand——Pépinot adulte）	這是一部沒有性、暴力和任何商業元素的純潔電影，非常適合年齡在18歲以下，但已具有足夠價值判斷力的青少年觀看。它創造了陽光情感電影的新概念，也成為現代人所共享的心靈雞湯。
美麗境界（A Beautiful Mind）美國	朗霍華（Ron Howard）／羅素克洛（Russell Crowe）、珍妮佛康納莉（Jennifer Lynn Connelly）	這是一部取材自真實故事、充滿人性光輝的劇情片。影評人說「2000年的奧斯卡最佳影片給了《美麗境界》，證明奧斯卡還沒有墮落。」孩子透過此片，能感悟出真善美的世間大道理。

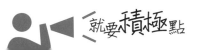
就要積極點

給孩子
一句座右銘

一個小小的座右銘卻能產生巨大的精神力量。它就像一座燈塔，指引著孩子的前進方向，規範著他的行為和思想，讓他勝不驕、敗不餒，時時保持積極進取的姿態。

　　對年幼的孩子來說，漫長的人生道路才剛剛開始。孩子們總喜歡把事物想得簡單而美好，而人生的道路卻總是充滿坎坷和荊棘。做為家長的我們，怎麼讓自己的孩子向正確的方向前進？怎麼讓他們勇往直前，積極而無所畏懼？孩子們天真純潔，如一張張白紙，想要幫助他們順利地走完人生之路，父母首先要做的，就是在這張白紙上，用飽含著愛和鼓勵的蒼勁筆墨，寫下一句愛的座右銘。

　　座右銘，一句簡簡單單的話，會成為孩子一生導航的明燈。縱觀歷史的長河，座右銘的激勵和鞭策作用總是伴隨著偉人們的成長。文學大師魯迅少年時，一次上課遲到了，面對老師的批評，他並沒有因

為家中有事而原諒自己，只是在自己的桌上刻下一個「早」字。終其一生，魯迅都以少年時代刻下的這個「早」字為座右銘，恪守著「時間就是生命」的理念，激勵自己珍惜光陰，刻苦攻讀和著述，成為二十世紀的大文學家之一。

還記得一個古老而平凡的故事：貪吃的孩子撿了人家棗樹上掉下的一粒棗，被父親發現。父親立刻帶著他去那戶人家歸還，並且讓孩子誠懇道歉。孩子出來時滿眼含淚，不理解父親為何如此不近人情。父親只是嚴厲的看著他，最後一字一句的說出一句話：「人不可失信！」這一句話的作用不可小覷。孩子從此明白什麼叫做「信用」，什麼叫做「誠實」，一生再沒有垂涎過任何不屬於自己的東西。

每一句座右銘，都凝聚著人類的智慧和體驗，都講述著一個睿智的故事。這些智慧或者體驗或許來自那些名人偉人，也或許，就來自身邊的人或是家長自身。這些睿智的故事，會帶給孩子們有益的啟示，使他們學會反思自己的成長，考慮未來前進的方向。也許就是那句座右銘，在孩子們的心裡播下一顆種子，最終開花結果，長成參天大樹；也許就是那句座右銘，孩子會一生銘記在心，引以為父母最珍貴的饋贈。在孩子年幼無知，犯下錯誤的時候，家長長篇大論的空洞說教也許比不上一句有力的話語；在孩子迷茫、踟躕的時候，父母留給他一句話的思考，自然比恨鐵不成鋼的心情更有效果。一位當代教育家曾經說過：「如今的孩子就是缺乏座右銘」。送給孩子一句座右銘，引導涉世未深的他們便成為家長最重要的責任。

孩子的內心深處，本來都是積極上進、嚮往陽光的。一句好的座右銘，很容易喚起他們潛在的美好品質。時代不斷改變，景氣有大

好也有低迷的時候，尤其2008年襲捲全世界的經濟崩潰現象，也讓我們成長於電腦時代的富裕世代的孩子，能親身體驗什麼是「通貨膨脹」？現在想想，許多老祖宗留下來的名言，真是歷久彌新。「痛苦，是最好的老師」、「吃苦當作吃補」教給他們堅強；「施比受，更有福」告訴他們善良；「態度，決定高度」、「滿招損，謙受益」告誡他們謙虛；「頭懸樑，錐刺股」教育他們勤奮；「每天都有新的太陽」賜予他們樂觀，「少小不努力，老大徒傷悲」鞭策他們惜時……給孩子一句座右銘，貼在他的書桌上，在這個容易崇拜偶像的年齡，一句座右銘就是不說話的偶像，一個比偶像更有力量的榜樣；在這個需要監督的年齡，一句座右銘就是一雙明亮的眼睛，注視著孩子的一言一行；在這個對未來還很迷茫的年齡，一句座右銘就是一個指明方向的座標，指向彼岸的理想。

孩子們的感悟力總是最強的，一句擲地有聲的話，會引起他們許多思考。但他們因為這一句話而開始思考人生，並且用這句話來激勵自己，監督自己，鞭策自己的時候，他們就開始長大了。

有時候，一句話會造就一個人，一句話就會改變孩子的一生。所以從現在開始，拿出紙筆，寫下一句座右銘，貼在孩子的床頭，桌面，書中……給他一個偶像，一雙眼睛，一盞明燈，一個路標，讓你的愛和希望，每天都伴隨著他成長吧。

給孩子
一個信念

在面臨失敗或者遭遇挫折時，堅定的信念能給人力量。信念，是一種強大的精神動力，一旦建立起來，能夠影響孩子一生。

四十七歲的歐巴馬，成為美國史上第一位黑人總統，他的競選標語「相信，就能改變」，鼓舞了千千萬萬的美國人。

美國第16任總統亞伯拉罕・林肯（Abraham Lincoln）也說過，「噴泉的高度不會超過它的源頭，一個人的事業也是這樣，他的成就絕不會超過自己的信念。」印度詩人泰戈爾也曾說：「信念是鳥，它在黎明仍然黑暗之際，感覺到了光明，唱出了歌。」信念是盞明燈，照亮我們期盼的心靈；信念是個路標，指引我們前進的方向。信念能夠幫助我們走過人生的艱難，穿越低谷的風寒。只有懷抱夢想，我們才會走得堅定，才能走得更遠。

羅傑·羅爾斯是美國第一位黑人州長。在就職典禮上，他提到了一個人們從沒有聽過的名字——皮爾·保羅。原來保羅是他的小學校長。在美國盛行嬉皮文化的60年代，當保羅走進羅爾斯的那所小學時，他驚訝地發現這裡的學生比「迷惘的一代」還要無所事事，他們整天都不學習，而是無止境的曠課、打架。當羅爾斯頑皮地從窗臺上跳下來時，保羅迎上去對他說：「我一看你的小拇指就知道，將來你一定會當州長。」小羅爾斯大吃一驚，但是他卻記下了這句話。從那天起，「州長」這兩個字就像一面旗幟鼓舞著小羅爾斯。他的生活也因此而改變：衣服不再滿是泥土，嘴裡不再夾雜汙言穢語。在他51歲那年，羅爾斯真的成了一名州長。在他的就職演說中，有這樣一句話：「信念是不值錢的，它有時甚至是一個善意的欺騙，然而你一旦堅持下去，它就會迅速升值。」

　　從一個只知道玩鬧的小頑童到第一位黑人州長，促使羅爾斯改變現狀並努力奮進的，其實正是「州長」這個信念。信念是所有奇蹟的萌發點，支撐人一生的信念，往往是透過小小的表揚和讚賞而積累滋長的。像歐巴馬三十多歲開始步入政壇，不到十五年的歷練，當選為美國史上第一位黑人總統，靠的就是不變的信念。相反的，一句輕蔑的嘲諷或一個諷刺的眼神，都足以叫人信心全無。所以有人說，最沉重的傷害是對人自信的摧殘，而最大的善意則是對人信念的信任和讚美。

　　俄國教育家蘇霍姆林斯基提出：「當一個人在少年時，就應該給他展示整個世界、整個人生的前景。」信念必須從小一點點培養，一點點樹立。家長應該給孩子一個執著的信念，讓他們相信自己能成

功。

做為孩子的第一位教師，家長的一言一行早已在刻畫在孩子牙牙學語時的心裡，家長的言行是什麼樣的，孩子也八九不離十，孩子正確信念的形成，要靠家長的正確引導。家長一定要有信念，否則就無法做好養育孩子的準備。值得注意的是，家長不要過度迷信那些崇高的理想，尤其是不要讓那些豪言壯語在孩子的意識中變成響亮卻空洞的辭藻，更不要使它們由於一再重複而變得黯然失色。家長對孩子進行信念培養時，切忌空洞的說教，而要從生活的細節之處培養孩子的信念。

我們可以透過生活的細微末節去對孩子進行信念教育，比如：閱讀、看電影……等，使孩子從中吸取精華，強化人生信念，保持積極的進取人生觀。此外，還可以引導孩子大膽地多方面參與社會公益活動，從成功的經驗中學得信念。

給孩子
一個偶像

偶像的力量是無窮的。給孩子一個偶像，就給予了他努力的方向，就給予了他前進的標竿。這個偶像，會驅使他孜孜不倦地向上提昇。

提到偶像這個詞，家長們恐怕會輕輕地皺起眉頭，腦海裡浮現出電視上那些打扮得光鮮照人的周杰倫、蔡依林、SHE等等歌星影星們，或是棒球場上馳騁揮汗的球星王建民……在家長們看來，孩子們太過迷戀這些偶像，等同於「荒廢功課」。所以，當孩子怯生生地想買演唱會的門票時，很多家長雖然可能同意孩子去，不過都會叮嚀別忘了做功課。

其實，誰在成長過程中沒有經歷對偶像的迷戀呢？偶像崇拜帶有著濃厚的時代意味，每一代人心目中都有自己肯定和追捧的人物。就像七年級生的青年人理解不了五、六年級生對費玉清、齊豫、李建

復、蘇芮的狂熱，七年級生的新生力量照樣理解不了八十年代的人對於周杰倫、孫燕姿的熱愛。偶像，或多或少都在我們人生的成長中留下了美好印記，他們如璀璨夜空中的群星，給我們指引方向，給我們光明和溫暖。總體來說，一代人有一代人的偶像，所以家長們也大可不必對孩子們的偶像不以為然。

孩子在青春期中最容易找到偶像，而家長往往最不能理解孩子對偶像的那股狂熱，其實青春期的孩子已經開始嚮往獨立，脫離父母的羽翼，但他們還不能建立起完整的自我形象。所以，公眾人物就很容易被他們當作學習的楷模。而舞台上的明星所擁有的金錢、地位和名聲更成為孩子們所景仰的理由。但是，孩子們畢竟還不夠成熟，對事物的辨別還不夠理智，而偶像對孩子生活成長的影響又是十分巨大的。

在2008年美國女子高爾夫公開賽上，韓國小將朴英碧以四桿優勢獲得冠軍，此舉讓韓國人倍受鼓舞。同時，更多的人表示驚訝：一個還不滿20歲的女孩，是如何力克群雄獲得第一名呢？在面對記者採訪時，朴英碧緩緩道出了埋藏心中的故事：原來，十年多前，當朴英碧還是小孩子時，韓國女子高爾夫名將朴世莉在20歲時拿到了1998年美國女子公開賽冠軍。當時的小英碧就被偶像朴世莉的風采所折服，也是從那時起，高爾夫成為她最熱愛的運動。她立下志向，長大後要成為與朴世莉一樣出色的高爾夫選手。帶著這個信念，小英碧開始了漫長而艱苦的練習，過人的天賦加上不懈的努力，使她的球技進步神速。

終於，在十幾年後，朴英碧果然取代朴世莉成為最年輕的美國女

就要積極點

子公開賽冠軍。現在，她與自己的偶像站到了同樣的高度，朴英碧深知自己的成功與偶像的激勵作用密不可分，她也希望可以鼓舞更多後來者的積極力，在未來創造出更好的成績，她說：「如果我能起到當初朴世莉的作用，那將是非常好的事情，可能再過十幾年，現在的小孩子們就會實現他們的夢想了！」當孩子著迷於王建民時，爸爸媽媽感該要高興才對，因為「見賢思齊」的種子正在孩子心中萌發。

　　毋庸置疑，有偶像的孩子，在內心裡一定嚮往更美好的自己。偶像對於十到二十歲的青少年影響尤為巨大，這個時期的孩子們正處於成長發育的時期，好奇心強烈，接受新事物的能力強，雖仍稚嫩青澀，但在心靈中已經初步形成了自己的價值觀和人生觀。這個階段，偶像開始在孩子們的生活中佔據重要角色。孩子們對偶像或崇拜或狂熱，但他們也經常在五花八門的偶像間「見異思遷」，這往往和社會或同儕中的「潮流走向」一致。

　　對於偶像，家長們不要恐懼，但也不要輕視。最恰當的做法是幫孩子選擇一個「正確」的偶像，對孩子的偶像崇拜進行積極的引導，才能真正走進孩子的心靈世界，既可理解孩子的世界，又能發揮偶像的引導和影響的力量，促進孩子的成長。

　　給孩子一個能幫助成長的偶像，就像坐在星空下與孩子看星星，我們只需分享星座的傳說，指給他們看那些最亮的星星，就足夠了。

就要不積極點

第30招
給孩子
一個好榜樣

榜樣的力量是無窮的。在孩子的同齡朋友中，為他樹立一個好榜樣，激勵孩子更加積極進取。

　　榜樣的力量是無窮的，對於未諳世事的孩子而言，他們幼小的心靈就像一張白紙，很容易受到外界的影響，老師和家長不經意的一言一行都可能影響他們的一生：家長讚許了什麼樣的行為，她就會悄悄向這種行為看齊；家長批評了什麼樣的人和事，孩子也會記在心裡。身為父母，首先就要以身作則，注意自己的言行，在耳濡目染中成為孩子的鏡子。

　　就拿孝順父母來說，當你在教育孩子要孝敬父母的時候，有沒有想過自己是否做到這點了呢？有一個廣為流傳的故事是這樣的，一對夫婦對父母很不孝順，他們把老人攆到一間破屋裡住，也不給老人吃好的喝好的，只用小木碗裝點剩飯給老人。有一天，這對夫婦發現自

家孩子在刻一塊木頭，母親問孩子刻的是什麼，孩子說：「我刻的是木碗呀，等爸爸媽媽年紀大的時候，才可以用。」這對夫婦這才醒悟過來，小孩把一切都看在眼裡，現在他們怎麼對待父母，將來孩子就會怎麼對待自己。為人父母要慎重，凡事要多想想孩子，想想自己的所作所為對孩子會有什麼樣的影響。

孩子的天性就像水一樣充滿變動性，後天的教育就像盛水的容器一樣，塑造出孩子不同的性格。在家庭教育中，父母要注意，既要尊重孩子的主動性，又不能過於放縱孩子。一般而言，只要父母做到了言傳身教，孩子一般都會效法父母的榜樣。然而有的家長教育孩子的心情過於急切，往往在不經意間將身教變成了說教，甚至是身教一分，說教十分，難免引起孩子的叛逆心理，結果事與願違。其實，孩子的這種叛逆心理正反映了其獨立性，說明他開始有了自己的判斷和思考，儘管這種思考還很幼稚、不成熟，但家長應該抱著尊重的態度，理性的說服孩子，展開平等的討論，適當引導孩子的思考。即使是出於良好的動機，也不能企圖決定和主宰孩子的思想。

除了父母自身，孩子的同儕也可以成為孩子的好榜樣。在班級裡，老師往往會表揚一些表現優秀的孩子，表揚會使這個孩子受到肯定，發掘出自己與眾不同的卓越之處，也往往會成為被羨慕的對象。其他孩子會想：「他能做到，我為什麼做不到呢？」於是有些孩子便會認真聽課，更認真完成作業，希望藉此得到老師同樣的重視和肯定。此時，若老師注意到了孩子的努力並加以肯定，孩子就會更加認真。但如果沒有得到預期中的獎勵，孩子就會感到失望，覺得被忽視。在家庭中，情況也是類似的。家長對孩子同儕的表揚和批評應該

伴隨著對孩子的鼓勵，而不能只是一味樹立榜樣，也要注意適時給予孩子適當的肯定，讓他看到父母是公正的，他也可以達到父母的希望。

父母不能為孩子樹立遙不可及、高不可攀的目標，如果孩子已經盡了一切的努力還是達不到優秀的成績，父母就應該避免老在他面前提考試第一名的孩子，除了挫傷自尊心，對孩子的幫助通常不大。

在一些孩子較多的家庭裡，姐姐往往是成績最好、最懂事的孩子，因此常成為父母為弟弟妹妹樹立的榜樣。較小的孩子從小就生活在姐姐的陰影下，結果往往不是乖順地消極一生，就是反而太過叛逆，因為父母樹立的榜樣和期望值太高，孩子難以達到，便只能自暴自棄，以此來吸引父母的注意。

要從孩子的狀況出發，不要為他樹立難以企及的榜樣，這是父母不可不注意的。

就要積極點

第31招
給孩子
找一個好「對手」

競爭使人充滿向上的動力。給孩子找一個「對手」，能夠提醒他勝不驕、敗不餒，時刻保持積極力，才能不斷的進步。

　　非洲奧蘭治河（Orange River）兩岸都有羚羊生活，但當地人發現一個奇怪的現象：西岸的羚羊要比東岸的跑得快得多，而且繁殖能力也強。

　　同在一地長，同飲一河水，為什麼差別竟然這麼大呢？動物學家經過長久的試驗後，終於揭開了謎底：原來，西岸有著羚羊的天敵——狼，那裡的羚羊為了生存，久而久之，便練就了矯健的身體和頑強的生命力；而東岸沒有狼，那裡的羚羊缺少天敵，也缺乏奮力奔跑的動力，成為了一群「弱羊」。

　　狼是羚羊的天敵，但有了它們的存在，羚羊反而更加強大。發生在非洲羚羊身上的故事，在孩子教育上是個借鏡。曾經有人做過一個

調查，發現在明星學校被老師一般培養的學生，成績往往不如普通學校被重點培養的學生。這個原因是多方面的，但其中很重要的一點是——所處環境差異導致自我預期不同。明星學校的學生往往輕敵，覺得比自己優秀的人非常少，自己再差也差不到哪裡去；相反地，普通學校的學生往往具有危機感，即使成績已相當優秀，卻還想像著明星學校高人輩出，不敢有絲毫懈怠。這個例子說明「對手」是多麼的重要，即使對手只是想像中的，也對我們的生活影響巨大：以什麼人為對手，決定了你能成為什麼樣的人，能有什麼樣的成就。

有些孩子生性好強、吃硬不吃軟，母親的眼淚和老師的勸導對他們都沒什麼效果，只有與比他們強的對手「刺激」才能讓他積極。對於這樣的孩子，父母教育他的最好辦法，就是為他找一個適當的對手。這對手可以是他生活中的同儕，也可以是書本裡或電視上的名人。每位名人都有年幼的時候，都曾經和普通人別無二致，然而名人之所以成為名人，總是會在生命的特定階段嶄露頭角，表現出自身與眾不同的特質，從醜小鴨一躍而成白天鵝。為了激勵孩子，父母可以多講講名人小時候的故事，讓他們覺得名人也曾經是普通人，如果努力不懈，自己也有可能超過他。不過，在使用這種方法時，父母不能太刻意，不能給孩子太多的壓力，給孩子確立的對手也不能「太高」、「太強大」，否則有可能因難以實現而挫傷了孩子的積極力，損害其自尊心。

每個人都希望自己能神通廣大，那些生性好強的孩子更是如此。別人能做到的，他想努力做到；別人不能做到的，他也想努力做到。對於這種性格的孩子而言，支撐他們的核心信念就是「我可以」，他

就要積極點

們的信心和自尊完全建立在其上，若遇上了無法解決的問題，哪怕是別人看來微不足道的一件事，他們無法應付，那麼原先強大的自我想像破滅了，就可能導致嚴重的後果。

為了避免這種情況使孩子自暴自棄，父母在平常就應該暗中打好預防針，為孩子找一個好「對手」便是一種有效的方式。讓孩子感覺奮力進取是有意義的，但每個人都有自己的限度，「人外有人，天外有天」，只要做到了最大的努力，發揮了最大的能力，不需要刻意跟別人比較，不論成敗都可問心無愧。這樣，既可避免孩子因為覺得「我不行」而放棄努力，也可以避免孩子因為太相信「我可以」而無法面對挫折和應對失敗。

總之，為孩子找一個好「對手」，是為了讓孩子懂得：追求成功是好的，能夠坦然面對失敗則是更加重要的能力，引導孩子逐漸學會平衡和調適自己，逐漸培養將來獨自面對人生幸福和坎坷的能力：勝不驕，敗不餒，就永遠立於不敗之地。

為孩子
找一個好遊戲

遊戲，是放鬆身心的有益手段。對孩子而言，更是寓教於樂的重要方式。遊戲中的孩子，往往全神貫注，積極度很高。

教育家克魯普斯卡婭（H·K·Kpynckag）說：「對孩子來說，遊戲是學習，遊戲是勞動，遊戲是重要的教育形式」。沒錯，遊戲貫穿著一個人的孩童時代，是他們智力和身體發展的動力。

讓孩子玩遊戲，不是要讓家長省事哄孩子不哭不鬧，而是透過遊戲寓教於樂。讓生性活潑好動、善於模仿的孩子在遊戲中找到一片天地。

讓孩子遊戲，更要讓孩子玩好遊戲。玩樂也分好壞嗎？那是當然的。看看目前有些充滿暴力色情的網路遊戲電玩，或本質是賭博的遊樂機器……想一想，孩子辨別是非的能力本來就弱，若長期沉迷於此，能學會什麼？將來會變成什麼樣子？一個好遊戲就像一本好書，

陪伴孩子的愉快童年；反之，一個壞遊戲卻如一本爛書，誘使孩子走上邪門歪道。

怎樣的遊戲能夠促進孩子的積極力呢？一般說來，父母要根據不同孩子的年齡和特點，為孩子量身選擇遊戲。考慮到遊戲寓教於樂的功用，我們可以把遊戲分為幾大類。家長可以根據遊戲分類考慮「什麼孩子玩什麼樣的遊戲」。最好是親自抽空和孩子一起玩遊戲，不僅可使一家人享受遊戲帶來的樂趣，還能達到培養孩子的積極力。

培養孩子不同能力的智趣小遊戲

遊戲類型	這個遊戲怎麼做？	積極力培養策略
物品分類小遊戲	在孩子面前放一些具有共同特徵的日常物品，例如選擇一些木質或鐵質物品，如：玩具小車、木質小凳、鐵質湯匙、筷子、金屬硬幣等，讓孩子根據物體的特徵將同類物品歸類。	該類遊戲由創造力學者威爾斯發明，培養孩子對常識的認識和物體直觀感知的興趣。
物品組合小遊戲	讓孩子觀察家中的日用品，哪些是「組合」生成的，進一步讓他們聯想，還有哪些東西可以組合成新產品。	促進孩子的組合思維。日常中有許多發明創造都是在原有物品基礎組合新的物品或功能而成，如筆加橡皮，就成為橡皮擦鉛筆等。
躲貓貓小遊戲	躲貓貓可不止是人可以躲起來哦！把日常物品藏在家中的角落，讓孩子去找吧！此外，還可以在孩子的圖畫書中添加一些小圖畫等，讓他找出來。藏物品時要注意，不要把東西藏在像是電線密集地或是大水缸中，以免孩子找尋中發生危險。	每個孩子都想做一次名偵探柯南或是福爾摩斯，不論是尋找物品還是尋人，他們都會樂在其中的。遊戲會讓孩子對周遭發生的事情觀察更細緻！
塗鴉小遊戲	從塗鴉到能畫出圖形，孩子繪畫的興趣一直很濃厚，他們以畫畫表達其未能以言語形容的感受、情緒。父母可以和孩子一起畫。用各種不同的材料，畫在紙上、布上、板上……讓孩子享受自由創作的喜悅。	塗鴉是孩童最愛的表達方式，不但能讓他們更暢快地表達情感。更能培養其積極面對生活的好心態。

遊戲類型	這個遊戲怎麼做？	積極力培養策略
「去感覺吧」小遊戲	讓孩子透過觸摸去分辨不同形狀、質地的物品；用舌頭親自去嚐那些廚房中的調味品；蒙起眼睛，嗅聞各種香料的氣味等。	知覺是人的感覺功能，它包括眼睛、鼻子、舌頭、身體等感覺。透過小遊戲，孩子會對用自己的知覺感知未知世界深感興趣。
扮演類遊戲	「扮家家酒」或者動物角色的扮演都屬於該類遊戲。家長可以為孩子提供一些扮演的「腳本」，比如對他說：想像你是天空中的飛鳥，你會怎樣去找食物呢？假如你是牙科醫生，你怎樣讓病人放鬆接受治療呢？	扮演是模仿的升級版，對於模仿能力強的孩子，扮演遊戲是他們的最愛。身歷其境去體驗別人、甚至是小動物的生活，會使孩子對陌生事物產生強烈的瞭解欲望。
觀察力小遊戲	生活無處不可觀察。從院子裡樹苗的成長，到地面上自己影子的變化，從博物館的展覽到計程車的計價器……	觀察自然、觀察家庭、觀察社會……觀察力是每個孩童的天分。觀察類小遊戲隨時隨地可做，可促進孩子對細微事物的關注。

幫助孩子
找到益友

朋友對孩子的影響極為重要,與好的朋友交往,可以讓孩子不斷的進步;反之,則會讓孩子不斷的墮落,人生路大不同。

　　成年人有成年人的交情,但最令人懷念的卻是兒時青梅竹馬的友情。成人們回憶童年,懷念的也不只是友情,還有那一去不復返的年輕歲月。兒時的純真友誼總是彌足珍惜的,倘若是孤單地走過童年,那會是終生的遺憾。

　　對於孩子而言,父母老師同學就是他全部的社會關係,學校和家庭就是他的全部天地。在家庭中,孩子與父母的關係往往是不平等的,因為父母有閱歷,又掌握家中大權,即使努力做出民主的姿態,實際還是不能讓孩子感到完全平等;在學校中,孩子與老師的關係也是如此。只有在同齡的朋友之中,孩子才會感到真正的平等,他的內心才能找到歸屬。所以,不管是父母還是老師,都不足以代替朋友的

作用。

　　孔子曰：「益者三友，損者三友。友直，友諒，友多聞，益矣。友便辟，友善柔，友便佞，損矣。」「朋友」一詞雖然彌足珍貴，卻實在有品級之分別。有的朋友吃喝玩樂的時候與你形影不離，卻從來不能與你共患難，甚至把你拉下墮落的深淵。

　　一個人不能選擇父母親人，但卻可以選擇自己的朋友。衡量朋友的好壞並不是出於功利眼光，我們更不能透過朋友的家庭是否顯赫，財富是否充足去衡量一個朋友的好與壞。益友與損友，最深層次的差別還是在於人自身的品行與性格。

　　戰國時的大學問家孟子，小的時候曾非常貪玩，為此他媽媽非常傷腦筋。孟子家住在墓地旁邊，他從小就結交了一群家裡做喪葬禮的小孩做朋友，他們經常玩辦喪事的遊戲。媽媽看到兒子模仿大人的樣子磕頭哭號，不禁皺起眉頭。沒多久，媽媽就決定搬家了，這次家在市集旁邊。孟子又和商人家的小孩交起朋友，他們玩起做生意的遊戲。媽媽看到，又皺起了眉頭，她再一次決定搬家。這一次，媽媽帶孟子住到了一家學校附近。孟子接觸到的朋友都是讀書子弟，於是他也開始變得知書達理、熱愛讀書學習了。每天出入學校的學生們和孟子一起讀書，討論各種問題，濃厚的書香氛圍使得孟子玩心漸漸收斂，學習積極力大大提高，讀書成為他最大的愛好。正是這群朋友，奠定了孟子日後成為大儒的心態基礎。

　　父母的閱歷比孩子要多得多，可以用自己豐富的人生閱歷來幫助孩子識人。「近朱者赤，近墨者黑」，朋友對人的影響極為重大，因此要杜絕不好的朋友對孩子產生影響，但也要充分利用好朋友帶動

孩子的積極力。家長應該要正確的引導孩子分辨朋友的好壞，但切勿專橫霸道，而是要與之溝通。朋友的一舉一動都可以影響孩子，如果兩個好朋友一起積極努力，共同向上，那該是多麼好的境界啊——既能享受友情所帶來的快樂，又能帶動學習的積極力，兩個人良性的競爭，對孩子的幫助非常大。你可以溫柔的告訴孩子，低級但有趣的朋友比比皆是，這種「享樂型朋友」對吃喝玩樂無所不精，和他們在一起孩子會感到開心，但享樂畢竟只是生命的初級階段，請記住，純粹的享樂型朋友是永遠不可能與你有高層次的靈魂之交的。這樣簡單易懂的道理相信孩子一定能夠認同，所以，讓孩子從小警惕純享樂型朋友是必要的一課。

你交什麼類型的朋友？

　　孩子交友的選擇，往往是憑著本能的興趣。興趣是導致友情產生的最直接動因，有的人人見人愛，而有的人卻枯燥乏味，但興趣是交友的全部嗎？如何透過交友來提高孩子積極力呢？人際交往學家把朋友分為以下四個類型：

朋友類型	這型朋友的特色	想找這型的朋友嗎？
高級而有趣	他們高級的品味使人尊敬，幽默的談吐使人興奮。這種人使人敬而不畏，親而不狎，交往的時間愈久，你們的友情就越像百合花般香氣芬芳。而與他/她為友，你的品味和氣質也會在不知不覺中得到提升呢！	這是一種世間人人都想結交的朋友。但他們只是可遇而不可求的，一個人一生中如果能結交——哪怕只有一個——這類的朋友，都堪稱是美事一樁。
高級但無趣	這種人大概是古人口中的那種「諍友」，嚴重點甚至可能是「畏友」哦！這種朋友一般擁有豐富的知識，正直的品格，但唯一的缺憾就是缺乏那麼一點幽默，在人群中往往比較沉默，所以讓人覺得無趣。	小心！當他們主動來找你，可能是想拉著你一起討論巴洛克式建築或是法國的古典主義。諍友是人人都誇，是屬於多數人不想親自結交的朋友類型。
低級但有趣	最富有娛樂價值的朋友，唱歌、遊樂場、講笑話、談美食、打遊戲、傳八卦……沒有他不在行的娛樂項目。但是說起正經事來，就很抱歉啦！	這一類型的朋友裝著世界上所有的談話資訊，只是獨缺學問。想遊樂、想放鬆、想擺脫一切正經事，儘管找他們。
低級而無趣	這是最可怕的一種朋友，但在人群中這類朋友並不是少數哦！更可怕的是這類人缺乏自知之明，也許他一邊講著低級的笑話，一邊還自以為高級又有趣呢。	這種朋友幾乎和跟高級而有趣的朋友一樣稀少，只是性質完全相反而已。

　　以上四型的朋友只是衡量朋友的一種分類，高級而有趣的朋友固然是世間珍品，但萬中選一的機率，大多數人都註定難以遇到。

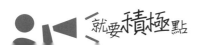

第八章 給孩子插上夢想的翅膀

就要積極點

第34招
讓孩子
學會做計畫

讓孩子制訂自己的計畫，強化他的責任感和使命感，可以培養孩子積極的做事態度和做事方法。

　　韓愈曾說過：「凡事豫則立，不豫則廢。」「豫」就是能預見事情的發展，有計劃。

　　有些人做事沒頭沒尾，沒有章法，沒有計劃，那是因為小時候沒有養成良好的習慣。江山易改，本性難移，一個不良的習慣一旦成自然，再想改變就很困難。所以幫助和督促孩子做事有計劃，並使之養成習慣，是非常重要的。

　　聽過那個著名的「二○／八○法則」嗎？它是義大利經濟學家帕雷托（Vilfredo Pareto）於19世紀20年代發現的。他認為，在任何事情中，核心部分的絕對數量只占其中很少的比重，約為20%，而其餘80%則是次重要的事情。一位成功者說：「把80%的時間留給未來，用20%

的時間去處理眼前的緊要事情，而用80％的時間去做那些暫時沒有收益但以後會有的重要事情。」對於孩子來說，他們應該把眼光放到那80％的未來，而不是20％的現在上。而在這裡，制訂一個好計畫是面向未來不可缺少的一環。幫助孩子從小學會規劃，可以先從規劃一件簡單的、短期的事情做起。比如，孩子學習英語，辭彙量很重要，如果靜下心來將單字任務列下來，計算一下能夠分配給英語學習的時間，計畫好每天應該完成多少任務量。每日必須完成。試想每天堅持，一個月下來的成績雖然不大，但累積一年的成績呢？兩年的成績呢？

我們都還記得曾經年少時，寒暑假對於每個正值貪玩年齡的孩子來說，都是莫大的期盼。因為寒暑假意味著，每天都可以睡到自然醒，每天都可以放縱地玩耍，不會再有每天被鬧鐘強迫叫醒時的不開心，不會再擔心玩得太晚了，回家會受到責備。

小新是個貪玩的孩子，暑假的每天都睡到中午過後，起床後就和幾個小朋友到公園玩耍。開學後，小新才發現暑假作業寫不完，也因此受到了老師的責備。媽媽知道以後，並沒有責備他，反而說：「我知道你現在心裡不舒服，要不要聽聽我的建議？」

「嗯。」小新點點頭。

媽媽摸摸小新的頭，說：「你本來可以過一個充實有意義的暑假，卻因為沒有做好計畫，導致了被責罵的後果。計畫，就是要明白你必須完成的事情，然後加以安排。以暑假為例，你必須完成暑假作業，所以就要把作業放在計畫的首位。如果每天合理分配作業和娛樂活動，就不會像現在這樣了。」媽媽頓了頓，又說：「所以，為了彌補你暑假浪費的時間，從現在開始要減少玩樂的時間，每天將新的作

業和暑假作業適當安排。放學回家到抓緊時間，一小時寫新作業，休息半小時，再用一個小時補暑假作業，知道嗎？」

之後的幾天裡，小新嚴格按照這個時間表履行，一星期後，小新驚喜地發現，自己已經補完了假期的作業。他也在其中嘗到了合理計畫的甜頭，積極力大增。此後，小新每週都會為自己排一個作息時間表，並把它貼在書桌前。每天放學，他總是抓緊時間寫作業，一小時內完成作業後，正好吃晚飯。飯後和小朋友玩一會兒，睏了累了便回家睡覺。

從小計畫做起，慢慢地你會發現孩子的計畫越來越完善，也會嚮往著更多的人生計畫。擁有一生的長期計畫，是很多名人成功的共同點。例如，世界著名投資公司「軟體銀行」（Softbank，ソフトバンク株式会社）的創辦人孫正義，就是個善於規劃人生的人。他曾在23歲時，列舉出自己想做的40多件事情，而後逐一詳細地市場調查，周密規劃未來的方向。如此嚴謹的規劃，註定了日後的成功。

耶魯大學（Yale University）曾對畢業生進行關於人生目標的調查，對學生提出問題：「對於今後的職業發展是否有明確目標？」結果只有3%的學生選擇肯定答案。20年後耶魯大學追蹤調查發現：那3%學生中的財務狀況和社會地位，明顯比其他97%的學生好。

有一句話說得好：計畫趕不上變化。人的計畫要根據變化的情況適當調整，雖然規劃計畫很重要，但更重要的是調整人生方向的靈活度。大部分人只是埋頭苦幹，很少想自己所做的事情是為了什麼。等到發現方向錯誤的時候，為時已晚。「失之毫釐，差之千里」，家長要幫助孩子明確目標，時時刻刻辨清方向，並凝聚力量向前進。

就要積極點

第35招
給孩子
一個夢想

夢想是孩子心中不滅的聖火，它能夠給予孩子迎難而上的勇氣，激勵孩子積極進取，永不放棄。

　　北京奧運雖然已經落幕，但是全世界的焦點除了放在得金牌的選手身上，也對台灣跆拳道國手蘇麗文雖然受傷卻履敗履戰，跌倒十餘次仍然奮戰到最後一分鐘的情景，久久不能忘懷，蘇麗文後來回憶說：「我只是希望證明自己即使受傷，也要上場奮力一博，而不是退出比賽。」她雖然沒有得金牌，但她的意志力，她的夢想所帶來的影響力與價值卻超越了金牌。

　　前蘇聯教育家蘇霍姆林斯基，在《給教師的建議》一書中曾說：「教育的最重要任務之一，就是不要讓任何一顆心靈裡的火藥沒有被點燃，而要使一切天賦和才能都最充分地發揮出來。」

　　讓學生盡情地發揮自己的才能，關鍵在於夢想常在。「有夢想就

有未來」，讓孩子們時時守護著心中的一個夢，才能激發出不斷奮鬥的熱情。

　　成功源於夢想，哪怕夢想在別人眼中簡單而幼稚。家長要在生活中發現孩子的興趣、愛好，並且積極引導，為他們催生出夢想。

　　小瑋最大的愛好就是漫畫書，最討厭看的則是大規模的歷史書。一天，媽媽為她買回一套有插圖的《世界通史》，小瑋只是翻了翻，就把書扔到了一旁。但是，媽媽沒有著急，而是每天拿出一些時間帶女兒領受「書中自有黃金屋」的樂趣。剛開始，小瑋還沒讀完一頁就覺得味同嚼蠟，但這不影響媽媽的決心。有一天，媽媽發現，讀到兩河流域「楔形文字」的起源時，小瑋對畫面產生了興趣。她利用了這個小小的「誘惑」，與小瑋研究起了這些楔形文字，並且因勢利導將楔形文字運用到遊戲當中，而每次小瑋順利答對時，媽媽都會毫不吝嗇地給予鼓勵。小瑋慢慢愛上了《世界通史》，反而對以前愛不釋手的漫畫書失去了興趣。小瑋又繼續讀了一系列歷史書，才發現看起來枯燥無味的歷史，原來這麼有趣！從此，歷史——特別是兩河流域的古文明史——成了小瑋的最大興趣，她還夢想著成為一名考古學家。多年之後，憑著長久以來培養的興趣和幼時被點燃的夢想，小瑋順利地考入了大學的考古學系。

　　聯合國秘書長潘基文也是一個夢想成真的例子。從小需要養豬貼補家用，雖在鄉下長大，但是十二歲那年因緣際會代表學校寫了一封信給當時的聯合國秘書長，自此「成為外交官」的種子在心中發芽，長大後立定目標努力向前，62歲那一年他真的當上了世界總統，也就是聯合國秘書長的位子。家長一路支持與鼓勵，當然成為他前進的最

就要積極點

大原動力。

　　正是家長適當的啟發和引導，在孩子心中播下了一顆夢想的種子。這顆種子在孩子心中發芽、生長，為孩子的成長和奮鬥指明了方向，並給予孩子積極進取的動力，最終促進孩子走向了發展興趣的成功道路。

第36招
給孩子
帶來驚喜

比起按部就班的獎勵，驚喜，更能激勵孩子在日後的學習和生活中積極進取，以期獲得更多的驚喜。

「只要能考上台大，爸爸就買一台筆記型電腦給你！」

「只要這次考試能在進前十名，媽媽就答應讓你買一台新腳踏車！」

「只要能得到畫畫比賽冠軍，全家人就去日本旅遊！」

……相信諸如此類的承諾是很多孩子聽到過的。承諾固然是種誘惑，對渴望物質獎勵的孩子來說，也確實有一定吸引力。而當孩子真的考上了台大、考進了前十名、得到了畫畫冠軍……需要父母履行承諾時，又有多少家長能欣然兌現呢？家長們往往非常矛盾：如果真的去做，恐怕孩子以後會老盯著自己要承諾物質獎賞；如果不履行，孩

子就因此對家長失去了信任感。這真是個兩難的境地啊！

拋棄那些難以兌現的承諾，轉而給孩子製造驚喜吧！承諾像是預付的支票，常會讓自己陷於被動；驚喜卻可靈活掌握，也更能讓孩子大喜過望。所以，聰明的家長從不輕易承諾，如果孩子真的做得很出色，立即就給一個大大的驚喜。

阿侃是個很愛使用電腦的孩子，與大部分孩子一樣，他也喜歡玩電腦遊戲。但是他只有在放鬆大腦時才會玩遊戲，更多時候是在研究、編寫電腦程式。雖然還只是高中生，但他已經學會製作很多簡單的商用電腦管理系統。

有一天，阿侃打開電腦，電腦卻自動關機了。阿侃心想：「這台電腦太舊了，已經不堪負荷了。」雖然自己略懂電腦，知道電腦硬體已經老舊無法再使用，但是更換配置需要花不少錢，加上功課繁忙，所以換台電腦的計畫也只能暫緩下來。

雖然全心投入復習，但酷愛電腦的阿侃已經計畫好了，考完試就去找份打工存錢。新電腦成為他的復習動力，每到熬夜看書勞累得想睡覺時，他就在心中默念：「堅持到底，考完試就能有台新電腦了。」

很快，考試完成了，休息了兩天後，阿侃就找了一份打工，他暗自計算，大概在工作三個月後才能存到換電腦的錢。

不久後，一所名校的資訊系錄取通知到了阿侃手中。家人歡呼著為阿侃慶祝的時候，突然有人按了門鈴！阿侃開了門，驚喜萬分地發現竟然是送電腦上門的送貨員！原來很早之前，阿侃的父親就發現了兒子的電腦出了問題，但他怕若是當時就換新電腦，會影響阿侃的

復習，在和媽媽商量後，夫妻倆決定等到考完大學，不管孩子成績如何，都買給他一台新電腦作為「驚喜」。

在大學期間，阿侃用這台飽含著父母鼓勵與期待的新電腦繼續研究，畢業後，順利地進入一家知名的資訊公司，如願以償地成為了一名電腦專業人士。

父母的這個「驚喜」，對阿侃在電腦之路上有決定性的意義。在這個驚喜的激勵下，阿侃堅持了自己的人生道路。看似簡單的一個意外驚喜，使孩子有了「乘風破浪」的勇氣。

需要提醒的是，「承諾」是獎勵孩子的不二法門。但在現實中往往承諾易行，而驚喜難遇。那麼，我們所習慣的承諾到底有什麼不好呢？不少父母承諾時只是隨口一說，隨後又輕易爽約，在孩子面前失去了權威，未來再想讓孩子信任自己就十分困難了。

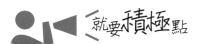

給孩子
表現的機會

給孩子一個表現的機會，對孩子而言是一種壓力，會激發孩子渴望得到認同、得到讚賞的心理。孩子為了不丟臉、不使大家失望，一定會積極準備，努力表現自己。

真才實學固然重要，但是高超的表現能力更是成才的關鍵。就算是才高八斗、學富五車，也需要機會來表現，才能被世人所知。如果沒有這個機會，就會在歷史長河中淹沒。孩子們都期望得到大人和同儕的肯定。你知道嗎？讓孩子得到一個表現的機會，對於他們的人生發展往往能達到非常重要甚至是決定性的作用。但是想這對於一些性格內向的孩子來說，不是件容易的事情，此時，就需要聰明的父母幫助孩子克服內心的恐懼。

小嬿從小立志做一名節目主播，她喜愛寫作、演講，在日常生活中也會對事情發表觀點，每次在家發表演講完，媽媽都給予熱烈的

掌聲。父母都很欣慰、自豪孩子從小就發現自己的愛好。同時，他們也知道小嬿性格內向，不擅長在人前展示才能。於是，爸爸媽媽聚集了鄰居好友的小聚會，想讓小嬿在大家面前表現一下，克服內向的性格。

媽媽鼓勵她：「小嬿，妳的演講能力很強，給大家表演一下好不好？媽媽相信妳是優秀的，而且都是熟人，不用擔心。」

小嬿在鼓勵下勇敢跨出第一步，但站在大家面前唸了一小段就結巴了，頓時滿臉通紅，媽媽走到她身旁：「不用擔心，寶貝，媽媽知道妳是最棒的，妳一定可以的！」

小嬿再嘗試一次，這次很順利的朗誦結束，大家也報以熱烈掌聲。小嬿心想：「當眾表演似乎也沒有那麼可怕嘛！」後來她積極參加了學校的詩歌朗誦比賽，獲得冠軍，又被學校推薦參加市內的詩歌朗誦比賽，而且也不負眾望，再次獲獎。

家長應該怎麼做，讓孩子有表現的機會呢？首先，要留心觀察，判斷孩子需要、想要表現的到底是什麼。比如，孩子不愛彈琴卻喜歡畫畫，就不要強求他當眾彈琴，而是要多多給他機會展示繪畫才藝。

什麼樣的時機，才能讓孩子成為焦點？從生活中找尋機會吧！例如：家人過生日、家庭小聚會……時，提議孩子為大家表演一個節目，這樣的情境既自然又親切，孩子也才不會為自己第一次當眾展示而感到緊張。

就要積極點

更重要的是，家長在孩子展示後應該給予讚美和鼓勵，像是：「寶貝，沒想到你畫得這麼好！這張畫的色彩媽媽非常喜歡呢，我們貼在客廳好不好？」諸如此類的讚美之語，會讓孩子喜歡展示作品，將來也會更積極爭取這樣的「露臉」機會。

第38招
讓孩子
適當地炫耀自己

適當地炫耀，讓孩子展示自己的優點和長處，一方面可以增強孩子的自尊和自信，一方面可以敦促孩子不斷積極進取，以維持自尊和自信。

　　東方人以謙虛內斂為美德，比較不鼓勵炫耀和自誇，「好漢不提當年勇」就是這種心態的反映。人們一般認為，搬弄輝煌的過去以自我炫耀的人，一定是不思進取。但是，21世紀的現代，教育體系風氣大開，也變得非常鼓勵多元的發展自己的專長。在師長的引導下，讓孩子適當地炫耀自己，能提高孩子的積極力，對孩子走向成功之路大有裨益噢！

　　筆者在剛上中學的時候，就曾經碰到這樣一位鼓勵學生「專講當年勇」的老師。在剛開學的自我介紹上，老師給每個學生一個題目：「我曾經也……」，讓大家講述過去的「光輝事蹟」。

就要積極點

剛開始，大家不好意思當眾「吹噓」自己，但老師彷彿看穿了孩子的心理，一馬當先的分享自己的經歷。接著，他鼓勵大家：「今天給大家一個炫耀自己的機會！每個同學都要講述自己的故事，與大家分享哦！」

那天的課堂上，我相信每個孩子都體會到了前所未有的成就感和充實感。以前從來沒有人讓我們把過去的成績當眾宣傳，更沒有人告訴我們「炫耀是一件好事情」！那一天，所有的同學都發言了，到了最後好像比賽一樣，台上的人還沒說完，台下就有好幾個要搶著說自己的事蹟了。大家在彼此的介紹中，很快熟悉起來，每個人的特長、喜好，在「炫耀」後得到了最充分的溝通。

一堂課下來，大家都意猶未盡，老師也露出了會心的微笑。後來，因為大家都當眾「炫耀」了自己，當然不想因為以後做不到被同學笑話，所以大家都努力證明、提升自己，因此學習積極力大增，班級的氣氛也十分愉快。

現在和老同學談起，大家都對這個老師和這次「炫耀」都記憶猶深。

人是社會性的動物，渴望被人認同，小孩子更是希望得到讚賞。而炫耀、展示自己的優點和長處，是獲得讚賞的快捷途徑。但是，炫耀是一把雙刃劍，容易讓人自大而不思進取，所以，把握炫耀的「強度」非常重要！一個整天在人前炫耀的孩子無疑會令人生厭，炫耀有度可以表露自信，炫耀過度則破壞形象。因此，在允許孩子「炫耀」之餘，家長們一定要加以引導，避免讓炫耀演化成為驕傲或是自負。比如，孩子被同學們推選為班長，父親在親戚面前誇耀：「好樣的，

我的兒子真棒。」這樣的誇耀似乎少了些激勵作用。若是他在後面補上一句：「當了班長，你就應該用一個比較嚴格的標準來要求自己，以後可不能成天泡在電玩裡囉！」這句話既蘊涵著父母對孩子的充分肯定，同時也對孩子有了更高的要求，繼而對孩子產生了激勵作用。

就要積極點

第39招
和孩子分享興趣

興趣是最好的老師，沒有興趣就沒有積極力。跟孩子分享你的興趣並且加以引導，使之移植到孩子身上，自然能夠提高孩子的積極力。

　　在日常生活中，孩子接觸最多的是父母，對孩子影響最大的也是父母。父母的許多愛好或興趣，很容易被孩子所模仿、學習、接受。俗話說「上樑不正下樑歪」，父母們應該要杜絕將不好的興趣或是愛好傳給孩子，而且要與孩子們分享有利於他們成長、成才的興趣或愛好。一旦培養起有益的興趣或愛好，孩子就會積極進取，走向成功之路。

　　居禮夫人（Maria Curie）是世界上唯一兩次獲得諾貝爾獎的女科學家。雖然科學研究十分繁忙，但她卻善於抓緊時間對兩個女兒進行教育，尤其喜愛跟她們分享自己的興趣。在兩個孩子們都上學後，居禮

夫人經常在家裡分享講述日常的研究工作。耳濡目染之下，長女伊倫（Irène Joliot-Curie）對物理學也產生了濃厚的興趣。居禮夫人看在眼裡非常高興，於是經常與伊倫討論物理學上的話題，討論的內容涉及牛頓三定律、光的波粒二象性等等，這些在同齡的孩子眼中都是太過深奧的東西。

居禮夫人透過與孩子分享興趣並加以引導，奠定了伊倫對物理學的強烈熱愛，並使伊倫立志物理學的研究。伊倫繼居禮夫人之後，與丈夫約里奧因發現人工放射物質而共同獲得諾貝爾獎。

我們再來看一個類似的例子。

鎮宇是一位資深的寵物醫生，數以百計的小動物經過他的妙手重獲健康。他對於動物的熱愛就是來自年少時，媽媽經常帶他去野外玩的經歷。

鎮宇小時候就經常跟著愛冒險的媽媽外出，他在這個神奇的大自然中見到了很多小動物，蜘蛛、蠍子、蛇⋯⋯這些都市中的孩子見所未見的動物，鎮宇從小就非常熟悉，也從媽媽身上學到許多關於大自然的知識。

長大後，鎮宇對動物的熱愛愈加濃厚。大學時他就毅然報考動物學系專業，畢業後也一直踏實地做著自己喜歡的職業——寵物醫生，沒有幾年就成為了業界的有名人士。鎮宇的成功，離不開小時候媽媽興趣對他的薰陶，也正是媽媽的興趣分享之下，他早早便找到了人生方向。

小孩子的興趣就像他們的胃一樣，生來就準備接受任何「食物」。作為家長，我們何不利用平日的朝夕相處，與孩子分享的自己

的興趣？有了興趣，自然就不缺積極力，而且，也許這些分享的興趣就會成為今後孩子的職業發展方向呢！

和孩子
分享好心情

跟孩子分享你的好心情，既能把你的快樂帶給孩子，又在家庭中創造積極、樂觀的氛圍，孩子在這種氛圍中成長，怎麼會不樂觀，不積極呢？

　　日本作家森村誠一說過：「幸福越是與人分享，價值便越會增加。」所以說，懂得「分」的人是幸福的，因為他實現了自己存在的價值；而懂得「享」的人則是快樂的，因為他感受到了世間的真愛。

　　我們往往喜歡與家人或朋友分享喜悅，與他們分享我們的生活體驗和經歷，同時享受關懷。分享時讓我們感受到純粹的、質樸的快樂，分享的過程讓我們心境淡泊、明淨，充滿著陽光。作為父母，分享有時比教導更加有利於協調與子女的關係，讓孩子有機會認識到一個真實而充滿感情的你。生活中有很多事情值得分享，並使其成為家長和子女間心照不宣的習慣。

拿閱讀來說，在人們印象中，閱讀似乎是件私密的事，但我們也可以把它作為與子女分享的一種方式。曾經有位學者在幼稚園中做了個閱讀習慣小調查，結果發現，在「喜歡一個人閱讀？還是有爸爸媽媽講解？」這個問題中，幼稚園中98％的孩子都選擇了後者。可見，閱讀對於兒童來說，首先是得到家庭之愛的途徑，其次才是汲取知識的手段。我們可以把閱讀看做是一個家長與孩子共同遊戲的特殊活動，分享閱讀的過程，也是一個讓孩子感受愛、享受愛的美妙過程。

　　家是孩子成長中最重要的環境，他們在家的時間最多，受家人情緒的影響也最大。你知道嗎？你的一喜一悲都會被敏感的孩子看在眼裡，記在心上。但父母也有情緒，心情好時，孩子也會跟著你一起快樂，但，若心情不好該怎麼辦呢？是繼續在孩子面前流露真性情，還是假裝什麼也沒有發生過？不妨看看下面這個家庭案例：

　　今天小芊的爸爸回家與往常不一樣，一進屋臉上就露著笑容。

　　小芊和媽媽問：「今天怎麼了？彩券中獎了嗎？一進家門就笑嘻嘻的。」

　　爸爸不急不徐的喝了口水，道：「我今天真的有好事情要宣佈呢！我成功被提拔為部門主管了！」

　　「哇，太好了！恭喜爸爸！」小芊說。

　　「嗯，我還做了個決定，既然成為主管，從明天開始，每晚我要去上英語補習班，抓緊時間幫自己充電。」

　　小芊：「爸，您確定嗎？您這個年紀，還要去學英語？不會太累了嗎？」

　　小芊爸爸：「嗯，我也不老嘛，而且有志者，事竟成！」

就要積極點

果然，從那天之後，小芊爸爸每天晚上下了英語班到家後，嘴裡還唸著他那半生不熟的英語，樂呵呵的說：「今天收穫不少！」

　　每天早上小芊和媽媽起來吃早點時，發現爸爸已在書房裡溫習了好久英語，當他來到餐廳吃早餐時，總是滿足地說：「溫故而知新，可以為師矣。」

　　這樣的學習一眨眼就維持了幾個月，小芊不禁也被爸爸愉悅的學習態度所感染。一天，小芊偶然間聽到爸爸在溫習要在公司會議做的英語發言稿，流利標準的英語讓她非常驚訝。小芊聽後心想：「爸爸的進步這麼快呀？看來果然是態度決定成績，良好的心情能激勵人前進！從明天開始，我也要在英語上多下些功夫！」

　　於是，第二天早晨，書房裡又多了一個讀英語的人。

　　高興時盡情流露，沮喪時慎重表現，為孩子生氣時先讓滿肚子的氣緩上一晚上。多為孩子營造積極樂觀的家庭環境，父母責無旁貸，從調節好自己的情緒做起吧！

跟孩子
分享好故事

時刻跟孩子分享好的勵志、成長故事，幫助孩子樹立信心和建立信念，激勵孩子積極進取，走向成功。

　　你聽說過「圓桌會議」這個名詞嗎？「圓桌會議」是一個與會者圍圓桌而坐的會議，它象徵著一種平等、對話的協商形式。據說，這種會議形式起源於5世紀的英國亞瑟王時期，亞瑟王（King Arthur）在與騎士們共商國事時，騎士和君主之間便是不排位次的。於是，後世繼承了這個有趣的習慣，在舉行國際或國內政治談判時，為表示各方的地位平等，避免席間產生爭執，商談的各方必須圍圓桌而坐。圓桌會議由此得名，今天「圓桌會議」已成為平等和開放的代名詞。

　　在孩子面前顯示家庭內部的民主、平等、和諧，「圓桌會議」可以作為一種絕佳的方式，讓孩子習慣與成人們分享自己的世界。而他們和家長之間由於年齡差距所造成的代溝也會縮小許多。那麼「圓桌

就要積極點

會議」上大家分享些什麼呢？經典故事就是一個不錯的話題切入點，毫無疑問，每一代人都有屬於自己的經典故事，家人若能彼此聆聽對方的故事，就能從側面瞭解對方的思想和觀念。試想，吃完晚飯，一家人圍坐在桌旁，分享彼此的經典故事，這是多麼溫馨美滿的一幅畫面！

阿旭的家裡就有每週五定期一次的「圓桌會議」，阿旭的爸爸上班工作雖然很辛苦，但是每週五的「圓桌會議」一定會回來參加。在阿旭的腦中，印象最深的就是爸爸講的王羲之與「墨池」的故事：晉朝的王羲之自幼酷愛書法，傳說王羲之13歲那年，偶然發現他父親藏有一本《說筆》的書法書，便偷來閱讀。父親要收回書法書，王羲之跪地哀求，父親被其感動，便答應他的請求。王羲之練習書法很刻苦，立躺坐臥全是書法。一次家人送飯，由於他太忘我了，竟然將饅頭蘸墨就吃了起來。王羲之常臨池書寫，就池洗硯，時間長了，池水盡墨，人稱「墨池」。王羲之練習書法矢志不移，堅持不懈，終於使他的書法藝術達到了超逸絕倫的高峰，被後世的人們譽為「書聖」。

聽完爸爸的這個故事，阿旭思考了好久。原來，阿旭在學校的學習成績很不錯，但唯一的缺點就是寫字不整齊。為此，老師已經說過他很多次了，而阿旭本人雖然也想寫一筆好字，卻總是疏於練習。聽了「書聖」的練字經歷，特別是墨水把池塘染黑的那段故事，阿旭在心中鄭重地埋下了一個決心：要學習王羲之，像他那樣投入刻苦，練出一筆好字來。

說到做到，從第二天，阿旭便買來一套字帖。每天做完功課後，他也不再急著看電視了，而是拿出一張字帖，一筆一劃地練起字來。

看來王羲之的故事，確實成為了阿旭努力的動力呢！

　　三個月之後，阿旭的字得到了老師的讚揚，老師很驚訝他的字在這麼短的時間就取得了突飛猛進的進步。在後來的一次校園書法大賽上，阿旭更是一舉奪得了第二名的好成績。看著自己的進步，他知道，這一切努力的起源，只是「圓桌會議」上爸爸那個勵志小故事。

和孩子
一起玩遊戲

跟孩子一起玩遊戲，是親子溝通的重要方式，也能提高孩子的
遊戲積極力。如果在遊戲中能巧妙地引導、鼓勵孩子，也能提
高孩子在其他方面的積極度。

　　遊戲是孩子們的主要活動方式之一，也是身心放鬆、寓教於樂的
重要手段。遊戲有不同的類型和功能。父母親參與孩子的遊戲，親子
同樂，則更能啟發孩子的積極思維。

　　比如，和孩子一起做活動遊戲，可以培養孩子的自信心。

　　活動遊戲能讓孩子進行充分的身體活動。如跳房子、跳繩、丟沙
包和各種球類遊戲等。孩子在成長時，多多運動有利發育和增強抵抗
力。在遊戲中鍛鍊身體，還能培養孩子競爭意識，幫助他們樹立自信
心。

　　就拿練拍皮球來說吧，志雄在幼稚園學會了拍皮球。媽媽知道

後，跟他說：「你不是學會拍皮球了嗎？我們來比賽吧！」志雄欣然拿起了球，但是才拍了三十幾下球就掉在地上了，媽媽見狀，拍了十幾下就假裝拍不下去了。於是，第一回合志雄贏了，意猶未盡地向媽媽挑戰「再比一次」，結果媽媽贏了第二個回合……就這樣，媽媽和志雄每晚吃完飯都會在一起比賽拍球。兩個月下來，志雄已經可以一口氣拍球三四百下了。右手拍球熟練到一定程度後，媽媽又出新花樣了，她還建議志雄練左手拍球。後來，志雄對體育運動的興趣大增，在自信心的鼓勵下，他漸漸學會了羽毛球、乒乓球和網球，原本並不愛運動的他，簡直成了一個小小的體育迷。

　　各位家長，你想過嗎？陪伴孩子玩不同的遊戲，可以促進孩子發展各方面的能力哦！拿記憶力來說，在很多遊戲中，孩子玩的時候必須要運用記憶力，才能完成遊戲。比如，在逛街的時候我們就可以玩玩「看櫥窗」的遊戲。這個遊戲再簡單不過了：在與孩子一起路過路邊的櫥窗時，先讓孩子仔細看一下櫥窗裡的展示，等到離開後，再要求孩子說出剛才所看到的東西。也許孩子在自然狀態下最初記住的東西很少，但是隨著遊戲的進行和家長的鼓勵、暗示，他們漸漸地會刻意去記憶櫥窗中的東西。幾次下來，孩子記住的東西就多起來了！家長可以藉由這個遊戲鼓勵孩子開發記憶力潛能，邊玩邊走，幫助孩子認知新奇的世界。

　　遊戲不只能在戶外進行，在家裡也可以一樣娛樂！同樣是促進孩子在記憶力方面的積極力，父母可以和孩子在家裡玩玩「找物品」的遊戲。比如，當著孩子的面把若干（多於五種，少於十種）小物品分別藏好後，再讓孩子將這些物品一一找出來。

就要積極點

孩子的天性就是玩樂，和孩子一起遊戲，能讓他們更自願地投入其中。遊戲是提高孩子積極力的重要方式，只要掌握方法，把培養孩子積極力的小細節巧妙融於遊戲中，就能得到事半功倍的結果！但是家長們應該注意，玩遊戲也要講究科學，根據孩子年齡和自身特點來選擇遊戲。同時，不要讓有益的遊戲變作「瘋玩」，遊戲時間要有限度，不要打亂孩子的生活規律。即使是孩子特別喜歡的遊戲，也要有個時間限制，這對從小培養孩子的時間觀念也有益處。

　　在遊戲的天空下，孩子的創造力、想像力、求知慾和責任感等，會像那漫天飄揚的蒲公英，隨處飄落，隨處生根，被快樂的氛圍滋養著遍地開花，清香四溢。

第43招
和孩子來一場
運動「比賽」

停下忙碌的身影，暫時拋開所有的煩惱吧，與孩子來一場運動比賽！或許，在與孩子比賽的過程中，你會發現很多你未曾注意過的東西。

　　身為父母，都會遇到這樣的情境：下班回家，發覺放學後的孩子總是在書桌前心不在焉地念書，不然就是賴在沙發裡無精打采地看電視，或上Blog和同學聊天，這樣的狀態會不會讓你擔憂呢？年紀輕輕，他們怎麼就那麼沒有精神呢？也許父母很可能會藉此教育孩子一頓：「快出去運動運動！爸爸像你這麼大的時候，可是體育健將呢！」但是，現在的孩子在學業上承擔著比父母當年更大的壓力，很多時候並非是不想鍛鍊自己，只是需要父母給他們一個鍛鍊的理由。

　　現在全台灣興起一陣騎單車風潮，有位爸爸本來是「宅爸」，人到中年又不愛動，愈來愈「中廣」，家裡的二個小男生到週末又只愛

懶在家打電動，也是「小宅男」，偶然間帶著全家人到家附近的公營腳踏車出租站，利用每週六的下午騎個二個鐘頭，不僅健身還拉近了全家人的感情，真是一舉數得。

我們總是在抱怨孩子太懶惰，但反觀自己：我又是多久時間運動一次呢？所以，家長們最好停止說教，牽著孩子的手大步出門去，加入週末Bike客的行列或來上一場父子籃球賽或是母女羽球賽。美國《預防》雜誌（Prevention）中的一項調查顯示：在九～十七歲的孩子中，超過七成都想與父母一起運動。不必等到寒、暑假或國定假日，平常的周休二日，就是親子共同鍛鍊的大好時機，對於上班族的家長來說，也是個難得的運動機會！

阿文一家三口經常去爬山，大家雖然平日忙碌於工作、課業，但對此都非常熱衷。

這個週六，全家早起，八點半已快步上陽明山系的中正山步道。爸爸高聲喊道：「我們全家來個比賽吧！沿著這條路走，看誰最先登頂，就是我們家的登山冠軍！」媽媽和阿文舉手贊成。一聽要比賽，阿文很興奮，爸爸一聲「比賽開始」，話音未落，阿文就舉步向前，爸爸媽媽也緊跟在後。

半小時後，三個人比賽好似「棋逢對手」不分先後，不過平常體能不太好的阿文竟然在大多數時間裡處於領先地位。他心裡慢慢得意起來，卻沒有注意到爸爸和媽媽在暗自交換著眼色。原來，爸爸媽媽就商量好了，他們一直跟著阿文之後，給他成就感。

終於，阿文已經到達了山頂，當他站在山頂前喝著水，看著後面繼續努力的父母時，他的臉上終於露出了勝利的喜悅：「我第一個爬

上山頂！我是冠軍！」阿文高興得歡呼起來。爸爸媽媽也為他鼓掌。

爸爸媽媽發現那次爬山比賽之後，阿文身上發生了很大的變化，一向不愛運動的他，好像突然對運動開了竅，開始積極主動地參加學校的體育比賽，體格也比以前強健。爸爸媽媽由衷地感到欣喜：原來小小的家庭爬山比賽竟有如此奇效！

和孩子來一場比賽，結果不重要，重要的是在汗水中收穫歡笑，在揮灑中重建親情。可以作為親子比賽的運動項目有很多，除了足球、籃球、乒乓球、羽毛球等球類，還可以騎單車游泳、競走、爬山……而在具體項目的選擇上，一定要孩子溝通一致，請記住，親子運動只有在雙方都快樂自願的前提下才會得到良好效果！另外，別忘了參考自己和孩子的體能狀況，不同年齡層的孩子，身體發育程度大不相同，讓年紀還小的孩子實行過於激烈的項目，可能會引起身體不適。請參照下面的表單，為你和孩子打造一個最理想的運動計畫吧！

為不同年齡層孩子打造的運動項目

年齡層劃分	這樣運動吧！	積極鍛鍊小重點！
6—8歲	・立定跳遠：每天以10次為上限，跳躍可以促進孩子的骨骼生長，對身高發育極有好處。 ・不定向奔跑：先向一個方向跑10米，然後再向成直角的另一方向跑10米，如此繼續下去，每次跑50-60米左右。比起單純的跑步，這個運動更有樂趣，且能鍛鍊孩子的靈活性和協調性。 ・兔兔跳：雙腳併攏，向前接連跳躍10—15米。充分鍛鍊腿部肌肉，促進孩子彈跳力和平衡能力。	這個年齡層重點，在於培養孩子的運動興趣，由於孩子身體各方面機能還很脆弱，所以特別注意動作的幅度不能過大。具體方式，可以由家長現做運動示範，然後讓孩子跟著做。在運動時，家長不要表現得過於突出，會容易挫傷孩子的運動積極力。

就要積極點

年齡層劃分	這樣運動吧！	積極鍛煉小重點！
9—11歲	・伏地挺身：每天以10個為上限。對孩子手臂和胸部肌肉發育會有明顯的促進效果。但是，對於這個年齡的孩子，還不可苛求動作的標準。 ・龜兔賽跑：總長50公尺，讓孩子先跑出5—10公尺，然後家長從後面追趕。追趕跑的比賽氛圍更濃厚，能讓孩子在運動中更加「賣力」。 ・S型跑：全程100公尺，事先劃定S型的「跑道」，並在彎折點處放置如網球等的小物品，孩子跑到彎處需拾起物體，再繼續前行。獲得物品對孩子來說是種「獎勵」，讓距離較長的跑步不會顯得那麼枯燥。	比之前的階段，身體機能又有了很大提升，運動強度和競賽性質可稍稍加大，以鍛鍊心肺功能為主要目的。運動項目以有氧運動和力量訓練為多。 對於成人來說，這些「有氧輕鍛鍊」不會造成太大身體勞累，還可以燃燒脂肪，保持體形。
12—16歲	・計時往返跑：限時30秒，第一次向前跑5米，然後轉身跑回起跑點；第二次向前跑10米，然後轉身跑回起跑點……如此繼續下去。運動目標是在30秒內盡可能跑得遠。 ・金雞獨立：平衡能力的最好訓練，家長可和孩子比賽一下：一條腿獨立，另一腿向前舉起與身體呈直角。慢慢蹲下身體，直到舉起的腿與地面平行，然後站起。根據個人身體情況，腿抬的高度可以量力而行。 ・健身球伸展：上半身趴在健身球上，雙腳支地，雙手放在球面前。保持平衡後，按次序慢慢抬起雙臂、肩膀、頭部，抬得越高越好。全部抬起後保持姿勢3秒鐘，然後再重複。每次以重複10次為佳。	在這個年齡層，孩子的身體機能趨向成熟，適合的運動項目大大拓展。運動主要應以提高速度和耐力，增強平衡感和力量為主。 日常運動中，可以分組多次進行同一種項目。

就要積極點

要和孩子
同一國

溝通，讓親子心靈相通。孩子處於低潮，家長們可以透過溝通讓孩子恢復自信和積極；孩子得意之時，家長可以透過溝通讓孩子們正視自我，更加積極進取。

家長常著急於「孩子怎麼考得這麼差，成績怎麼辦？」這類功課的事情，卻不太關心孩子是否明白人生的道理。看來父母對子女的愛純然出於感情，有時候卻顯得盲目。你可能很清楚孩子愛吃什麼、不愛吃什麼，愛穿什麼、不愛穿什麼，似乎只要讓孩子吃好、穿好了，就是已經好好照顧他了。然而父母卻沒有問過自己，給予孩子東西，他得到了會更高興嗎？如果這個答案是否定的，你真的想過要去瞭解你的孩子嗎？

世界只有一個，但是我們每個人眼中的世界是不同的。比如，同樣是看一部電影，孩子可能更容易從感性的角度出發去理解劇情，而

父母則是理性地加以評論。當稚嫩遭遇成熟，當感性遭遇理性，會激出什麼樣的火花呢？溝通能告訴你一切答案。抓緊時機！全家騎單車出遊時、看電影、聽音樂、參觀畫展……都是溝通的好時機。孩子會在耳濡目染中，漸漸明瞭自己的喜好和前進方向，而家長則在交流中完成了一次親子體驗。

經常的交流，還可以激勵孩子多多說話，孩子從小累積了大量事理，從量的累積，逐漸發展，轉為質的變化。諸多的經典例子，會成為孩子日後辯論賽中的論據。在日常中多多發表自己意見，孩子日後即使面對眾人的演講比賽，也能面不改色，從容面對。

小廣很喜歡看動畫片，媽媽因此為他買了《風之谷》（風の谷のナウシカ）的DVD。晚飯後，一家人圍坐在電視機前一起觀賞。

《風之谷》背景設定在未來，世界的產業文明達到巔峰後，經歷一場稱為「火之七日」的戰爭而毀於一旦。世界被一種由菌類和巨型昆蟲構成，名叫腐海的新生態體系所掩蓋，僅存的人類生活在小面積土地，在面對巨型昆蟲和會釋放瘴氣的腐海森林包圍威脅下，仍不放棄積極求存。

風之谷，一個靠海的小王國因為在海風的庇護下，不被腐海森林的孢子侵入而得以保持原貌。小王國的公主──娜烏西卡，一位善良、聰明及勇敢的十六歲女孩，擅於駕馭滑翔翼，能知道風及御風，還具備和王蟲溝通的能力。當載著千年前火之七日戰爭中，毀滅大地的生化武器「巨神兵」之多魯美奇亞運輸機，不幸墜毀於風之谷之後，風之谷和娜烏西卡捲入了爭奪巨神兵的戰爭旋渦中。

最後，娜烏西卡掉落腐海，到達腐海的底部，發現了腐海的秘

密。腐海把污染的大地淨化，過程中會產生有毒的瘴氣。被淨化後的地底有著乾淨的空氣和水源，而王蟲則是守護腐海的生物。故事的尾聲當培吉特餘黨拿小王蟲來誘使王蟲群攻擊風之谷，企圖從多魯美奇亞人手中奪回巨神兵之際，娜烏西卡解救了小王蟲，以身為盾來制止王蟲群的憤怒衝擊而犧牲。冷靜下來的王蟲群則以特殊能力救活娜烏西卡。

電影播放完，爸爸、媽媽和小廣展開了討論。小廣最先發言：「哈哈，一個完美的結局。王蟲沒有死，娜烏西卡也沒有死，正義戰勝邪惡！」

媽媽接著講道：「故事告訴我們要與大自然和諧相處，千萬不可鄙視比我們低等的動物。我們的生活與它們息息相關。我們人類和各種動植物，構成一個統一的大自然。」

爸爸通常是最後發言：「宮崎駿這部動畫的經典之處：用一個天真純潔的孩子，去拯救王蟲，也拯救人類。她充滿感性和信念的心，最終戰勝邪惡勢力。」

小廣恍然大悟：「哦，一個動畫片居然有這麼深刻的寓意。我還真是沒看出來。爸爸媽媽的評論，幫助我理解故事情節，讓我懂得與自然和諧相處的重要。」

多交流心得，會讓孩子更加理解父母，父母更加瞭解孩子。當孩子再遇到任何困難，都願意以堅強的心去主動面對，因為他們知道永遠有著支撐自己的強大力量，遇到什麼事情都可以心平氣和地和家人分享，聽從大人的意見，保持積極心態，對任何事都抱有樂觀信念。但父母一定要站在與孩子同等的角度，不要因為自己是長輩而居高臨

下，而是要像朋友一樣溝通，尊重孩子。在這種教育下成長的孩子對自己更有信心，對做事情更有積極力，也會放心地與父母交流。

當然，父母也可藉助看電影等方法來進行溝通。比如看一部職場影片，父母可以順便分享自己在職場中奮鬥的故事，孩子會更明白父母奔波於家庭和工作之間的辛苦，同時更能理解父母望子成龍的期望。看一部勵志片，父母可以講述年幼時克服苦難的經歷，孩子則會以父母為榜樣，以更加樂觀、積極的態度面對困難。

啟發孩子的
想像力

想像力使孩子的心更寬、更大，同時也是孩子創造奇蹟的原動力。那麼，身為父母，應該怎樣啟發孩子的想像力呢？

　　家長們經常會覺得自己的小孩很「怪」，因為他們常看到孩子對著布娃娃自言自語，或是在美術課上畫出一些「雪糕樹」、「巧克力樹」之類的離奇之物……每到這時，有些家長習慣作法是無可奈何地笑笑，或是乾脆告訴他們：「傻孩子，巧克力怎麼可能長到樹上去呢？」不知你是否曾意識到，當有一天孩子做事完全按照「常識」，再也不會給你提供幼稚的笑料時，那孩童特有的想像力也就消失殆盡了！

　　日本著名育兒專家內藤博士有一個教育理念：「教育要順乎天性，崇尚自然，首先就是要尊重兒童的想像——無論他想像得是多麼怪癖離奇。」如今有一個怪現象，「想像力」這個辭彙被成人們所稱

頌，一個富有想像力的成人被認為是成功人物的特質。而身處創意行業的人們，如廣告文案設計、畫家、作家等等，更是對想像力膜拜至深。但同樣是「想像」兩字，放到孩童身上，便不再那麼討成人的喜歡了。想像力豐富的孩子往往是不太聽話、愛胡思亂想、天馬行空，而這樣的孩子在學校註定是讓多數老師頭疼的對象。

　　事實上，想像力是每個孩子天生的一種能力，並非偉人或成功人士所特有。柴可夫斯基說：「靈感全然不是漂亮地揮著手，而是如蠻牛般地竭盡全力工作時的心理狀態。」在學習或實踐活動中，想像力往往對形成的新觀念和新思想，產生調動積極力的作用。但放眼目前大多數孩子的現狀則是：知識基礎絕對紮實，但想像力比較不足，導致他們提不起進一步學習的積極力。當然，想像力因人而異是一個因素，但更大的原因則是大人對孩子想像力的束縛。在考試的壓力下，我們的孩子每日被龐雜的知識拖累，總是在選擇題、填充題、計算題中，無止境的填寫，號稱「教育改革」的快樂學習雖然改革了填鴨式教育，但仍然改不了「考試定一生」的沈疴。重分數的教育方針，會忽視頭腦中閃著火花的想像瞬間。長此下來，孩子沒有了想像的助力，在學習上的興趣和積極力便會銳減。

　　學校教育的制度不能由一家一戶來決定，但家庭教育得當卻可以有效彌補一些缺失。應該如何透過「拯救」孩子的想像力，繼而提高孩子的積極力呢？講故事、猜謎語是最常用的途徑。對於幼兒，我們可以特意去挑選一些童話和神話，這些想像力豐富的故事能夠充分引起孩子的幻想。孩子的興趣上來，往往會纏著家長，要求聽到更多的故事。之後，孩子則會不滿足於單純「聽故事」，而開始熱衷「講故

事」甚至「編造新故事」。長久下來，孩子對語言學習和運用的積極力理所當然就被提升了。對於年紀稍大的孩子，在故事講述完後，可以讓他們自己續接下去，或是根據想像為故事配上插圖。要知道，透過想像力培養提升孩子積極力，最直接的途徑還是要靠語言。

小奕剛剛學會用紙折小兔子，他把小兔子貼到一張白紙中間。媽媽先是誇獎了他的作品，隨後問：「你知道小兔子生活在哪嗎？」

小奕說：「我知道，它住在森林！」隨手就在小白兔身後畫了幾棵大樹，然後有在大樹下面畫上一間小木屋。媽媽點點頭，又接著問：「你知道兔兔最愛吃什麼嗎？」

「當然是紅蘿蔔囉！」小奕拿起橘色彩筆，在兔兔的前面加了幾根鮮豔的胡蘿蔔。

「小奕，小兔子一個人生活在森林裡不寂寞嗎？」

「對了對了，我還要給它畫上媽媽、爸爸、朋友……」小奕興致大發，他開始為小兔子添置越來越多的東西：綠草地、紅花朵、戴著眼睛看報紙的兔爺爺兔奶奶，要和兔子賽跑的小烏龜……原來的那張白紙上被畫得滿滿的了！

「哇，小奕真有想像力耶！以後也要繼續畫下去哦！」媽媽驚喜地鼓勵道。

這以後，小奕對手工製品和繪畫的興趣更濃了，他有空就會埋頭進行設計和繪畫。不多久，小奕的小屋中就堆滿了他做的美術作品，這讓他很有成就感。

而一些藝術類活動也是發展孩子想像力的好方法。隨手塗鴉、色彩填充、自作曲、改編歌詞……別再把孩子濃墨重彩的塗鴉看做惡作

劇，也許孩子創造出的正是一幅超現實藝術的傑作；也別再一聽到孩子彈《貝多芬第九交響曲》走調了，就劈頭蓋臉罵上一頓，也許，孩子認為自己的改編曲比貝多芬的還要動聽呢！

第46招 呵護孩子的好奇心

好奇心是孩子求知和進取的動力之一。父母們千萬不要壓制孩子的好奇心，相反的，應該細心呵護並積極引導，提高孩子的積極力。

　　好奇心是一切科學發明和藝術創造的源泉，而孩子的天性就是好奇的。有一套名為《十萬個為什麼》的書，正是符合了孩童好奇多思的特點而得以長久暢銷。然而，父母對孩子的好奇心卻隨著年紀愈大而呈現不同的心態；許多家長孩子小的時侯，很鼓勵他每事問，然而到了高年級，上了國中並不重視孩子的這種好奇心，甚至覺得孩子沒完沒了的提問令人厭煩，還是功課比較重要，於是往往用冷淡的反應打消孩子的積極力。其實，家長的這種冷淡回應才是不正常的，是對豐富多彩的生活失去敏銳感知的表現。好奇心是催生孩子積極力的關鍵之處，因為人一旦對某種事物產生好奇的話，就會想去弄懂它，當

這種研究變成興趣時，積極力自然而然就會提高了。比如對「收音機為什麼會發出聲音」這件事產生好奇，孩子就會積極力大增，他們會為搞懂這個問題去看更多的書，甚至躍躍欲試地拆掉收音機，研究複雜的小零件。在這個過程中，孩子必定會瞭解更多的知識，也許從此愛上了機械研究，或是因此有了小發明呢！

好奇是孩子的天性，只要家長不扼殺孩子的好奇心，多多鼓勵他們對這個世界的探求和思考，孩子就能自然而然地保有想像力。當孩子提出了稀奇古怪的問題，父母一定要認真提供他答案，如果你也弄不懂的話，可以查閱相關的書籍或者網路，向孩子提供一個開放的答案，讓他明白知識可以是無窮盡的，讓他從小就喜歡思考。重要的是要鼓勵孩子的提問，最好能為他提供多個答案，讓他選擇和比較，而不要束縛了他的思考。要用合理的引導，吊起他的胃口，讓孩子對未知的東西抱有探索的精神。

有時候極端的愚鈍就是極端的聰明。也許你的孩子看起來呆呆的，不好動也不愛提問，但那並不意味著他沒有想法，他只是沒有把它說出來而已，這樣的孩子通常要到年齡比較大一點才能顯露出自己的過人之處，家長不必太過著急，更不要責備他們。過度的斥責只會打擊孩子的自信心，打擊他們對學習新事物的積極力。

在大物理學家愛因斯坦（Albert Einstein）年幼的時候，所有人都認為他很笨。其相對論的起源，是因為關於時間、空間等範疇，別人很小就弄清楚了，但愛因斯坦卻始終沒有弄明白，但他沒有理會別人的嘲笑和譏諷，一直保持著這份好奇心。正是因為愛因斯坦一輩子都處於「疑問」狀態，當他無法解釋這些問題時，便轉而鑽研和探索。

可以說，正是因為他一生的「好奇精神」，才誕生了後來具有劃時代意義的相對論。

事實上，人類一切的積極進取：發現、發明、創造，科學……無不始於好奇之心，無不是要衝破既定的成見，打破既有的理論格局。為了呵護孩子的好奇心，父母需要具有開放和寬容的心態，去接納新鮮事物，接受孩子大膽的猜想。

好奇心的養成絕非一時一日之功，今日看來的謬誤很可能就是明日新思想、新觀點的萌芽，在教育孩子的時，重要的不是一時一地的結果，而是持之以恆的過程。

第47招
善於發現孩子的天賦

每個孩子都有自己的天賦，只是這些天賦有時候連孩子自己都沒有意識到。作為家長，就要善於發現孩子的天賦並進行引導、培養，幫助孩子積極進取，走上人生的顛路。

你的孩子有天賦嗎？相信大多數父母會對這個問題持不保留態度。在人們眼中，天賦異稟是萬中選一的天才才會擁有的。事實上，天賦也可以指人生而突出的品性或是特長，很多時候，正是家長們的不相信，硬生生扼殺了孩童初初嶄露頭角的天賦。

面對繁重的學業，比起「天賦」，老師和家長們更關心的是成績。很多時候，老師和家長扮演的角色過於嚴厲，總會拿這個孩子和別的孩子比較，只看見孩子的缺點，像是孩子學習成績不好，太貪玩……等等，然後就是一陣批評和責罵，嚴重的還有皮肉之苦。殊不知，這種忽視天賦差異，以課業成績為唯一標竿的做法，只會大大挫

傷孩子的積極力。

　　歷史上，很多留名後世的天才在小時候都被周圍的人視作「怪人」。像前面提過的「飛魚」菲爾普斯，雖然被診斷出是過動兒，但是他的單親母親看出他在游泳池有超乎常人的能力，全力支持他，終於締造了奧運史上的八金新紀錄。也就是說，按世俗眼光來看，有天賦之人的性格往往不總是「討人喜歡」的，而且常是「與眾不同」的。例如，有藝術天賦的孩子，在生活中往往表現得極其容易敏感、脆弱，甚至動不動就哭上一陣子。而成人眼中完美無缺的性格則很可能意味著天賦的平庸。在孩子的天賦啟蒙階段，一個能夠賞識並最大限度激發孩子天賦的家長，要勝過所有的「明星教師」。

　　科學證明，孩子早期的智力發育主要受遺傳、環境和後天教育三種因素影響，而其中遺傳是決定天賦的關鍵。對於天賦高的孩子，家長如果教育得法，在天賦上激發孩子積極力，其成才的可能性就極大。家長們看到這裡先別激動，發現天賦首先需要對人的天賦有一點點瞭解，人之天賦千萬種，你的孩子屬於哪一類呢？

　　值得家長驚喜的是，很多孩子身上生來會綜合有好幾種天賦。如果家長為了功利目的而過早地讓孩子確定其「發展」方向，則會扼殺孩子對其他領域的積極力。久而久之，孩子在其他領域本來具有的天賦也可能逐漸消失，這樣做是很不明智的。

對照一下，孩子的天賦在哪裡？

天賦類別	天賦之特徵	天賦之積極力表現
語言天賦	擁有語言天賦的孩子一般比同齡人早學會說話，而且會說個不停。在教育的早期，他們表現出對話語的細節部分尤為敏感。	・喜歡用複雜華麗的語句和豐富的辭彙吸引別人。 ・父母講曾經講過的故事，要是經過改動，哪怕一個詞都可以馬上指出。 ・喜歡自娛自樂地編兒歌。
音樂天賦	對各種聲響情有獨鍾，對能發出甜美音質的樂器有天生的熱愛，在生活中對於聲音的捕捉極為敏感。	・只聽一遍的廣告歌曲一學就會，而且毫不走調。 ・煞有介事地敲碗敲碟，並能用筷子敲打出一定節奏來。 ・對掛滿樂器的樂器行和演奏樂器的人特別喜歡。
空間想像天賦	空間想像力強，生活中表現對「方位」和「空間」物體位置的準確把握。	・很少迷路，敘述方向中多用東西南北的概念，而不是左右。 ・重遊許久以前去過的舊地，也會清晰記得。 ・迷戀有立體感的畫面或是立體玩具，可以輕易地畫出一張桌子或是一個蘋果的立體透視圖。
身體動覺天賦	身體動覺天賦，包括自身動作協調能力和使用器械能力。擁有這方面天的孩子，未來可能成為運動員哦！	・有這種智慧的孩子玩體操、學自行車無師自通，使用各種工具得心應手。
人際交往天賦	人際智慧，分為自我認識的能力和瞭解他人的能力。前一種能力使人有充分的自知之明；後一種能力使人能準確感受他人情緒變化，並能採取適當的態度應對。	・看電影時，喜歡模仿片中人物的一言一行，能準確分辨出其中的正反面角色。 ・一旦發現周圍人情緒向消極方面變化，會自動變得很乖。 ・牢記並生動模仿初次見面者的口頭禪或是標誌性動作。

　　在孩子還小的時候（大概上國小以前），做父母的應該盡力為他提供寬鬆自由的發展空間，讓孩子在多種天賦中自由地發展積極力。

啟發孩子的
創造力

天才與庸才最大的區別，在於天才擁有源源不斷的創造力，而庸才卻只知道一味的模仿。因此，要把你的孩子培養成為天才，就從現在開始，啟發他的創造力吧！

　　我們經常聽到這樣的說法：21世紀是創造力的世紀！那麼，究竟什麼是創造力？創造力和孩子的積極力發展又有何關係呢？

　　創造力是人類獨有的一種綜合性能力，它集合知識、智力、能力及個人品性等多種因素的綜合體現。創造力高和人們所追求的高智商並不完全一樣，智商是衡量人類智力的靜態指標，而創造力則同時反應了我們對於客觀世界中的矛盾、不平衡和意外事件的處理和應變能力。它的培養能夠促進人在知識學習、為人處事等各方面的能力提高。

　　孩子創造力的最初體現，也許會讓家長皺雙眉，因為孩子的思想

是天馬行空的，他們可以做出很多讓大人意想不到的事情：拆壞小鬧鐘，把大人的手機丟進魚缸，用微波爐去加熱數學課本……行為雖然荒誕不經，但從另一方面看，卻是創造力的明證：他們也許只是想看看小鬧鐘的構造，手機在水裡能不能聽到聲音，微波爐能不能幫書本消毒……換個角度想想，讓你咬牙切齒的調皮搗蛋原來也並非毫無道理。透過這些天馬行空的實驗，孩子會親自解開自己心中的疑問。

在孩子的成長過程中，創造力往往體現為獨立思考，也是促成思維成熟的關鍵所在。在人生方向的選擇上，沒有人能告訴孩子正確的答案。只有孩子自己，也只能靠他自己，才能找到答案。有的人愛動手，有的人愛思考，有的人情感豐富，有的人喜歡解決問題，有的後來成了工程師，成了小說家，也有的成了詩人，成了木匠……創造力造就孩子自我發展的積極力，每個人的創造點不同，導致人們追求不同的人生目標。家長不能替孩子決定一切，也不能替孩子思考、規劃，否則一切都是被動的，就算孩子接受了，也不是屬於自己真正的想法。家長唯一能幫孩子的，就是幫他把那些不成熟的創意，考慮得更加周全。

開始時，孩子也許並沒有自己的想法，也許和父母吵架會賭氣、會進房間生悶氣、耍耍小性子，但那往往只是一種姿態而已，並不是他已經有了自己的看法。慢慢地，孩子看大人的眼光裡開始有了新的內容，好像不那麼嚴肅認真了，還能包含一些嘲諷或叛逆。這種目光或許是父母最不願意看到的，但又偏偏家長總說明瞭孩子的成長，說明孩子開始有了自己的意見，儘管這意見往往並不是那麼讓人感到舒服，但卻可以促成他內心的進取心。

在一次美術課上，有個孩子畫出了一個方形的蘋果，當美術老師問他為什麼時，他的解釋是不想讓蘋果滾到地上──一個在大多數成人看來絕對「孩子式」的答案。但這位美術老師聽後，卻沒有批評或嘲笑，而是充滿笑意地誇獎了他：「你真會動腦筋，這一點我倒從來沒有想到過，希望以後真的會有不會滾到地上的方形蘋果！」孩子聽了這番鼓勵，在今後的繪畫上思維更加天馬行空。幾年後，充滿孩童奇思妙想的畫作使他獲得了國際兒童畫的金獎。如果這位老師看見方蘋果只是一頓大罵或是漠視，那麼可以肯定這個孩子今後再也不會畫方蘋果，也不會去費心思想那些大膽的創意。扼殺了創造力，往往也會在瞬間澆滅了孩子心中的積極力火焰。

　　家長也可以透過遊戲的方法，比如對故事的內容做增加、改變，在這一過程中激發孩子的創造力，培養孩子的興趣。比如大家熟悉的三隻小豬的故事，故事中三隻小豬分別用茅草、木頭、磚塊等東西蓋房子，在蓋房子的情節部分，可以問孩子，蓋房子還可以用什麼蓋？有的孩子會說用糖果或是餅乾，蓋成一間糖果屋，自己就可以住進去，享用點心；當然，不同的孩子會有不同的想法，讓孩子改編故事的內容，說不定還可以創造一個全新的故事呢！更重要的，是這種創造性會帶給孩子自信和滿足感，提升他們的積極力。

　　曾任美國陸軍五星上將的軍事名家阿諾德（Henry Harley Arnold），對創造力曾有過這樣一段評價：「無可否認，創造力的運用、自由的創造活動，是人的真正功能；人在創造中找到他的真正幸福，證明了這一點。」這些話至今閃爍著智慧的光芒。從這段話我們可以看出，純粹的知識並不能算是成長中最為重要的事，人真正的功

能和積極力的泉源在於創造力。這啟示家長們教育孩子：要鼓勵孩子去思考，重要的不是思考的結果，而是思考本身，提高思考的積極力；想錯說錯都不是什麼可怕的事，重要的是要敢想敢說，只有敢於思考、勇於思考，當初在心中天馬行空的志向才會漸漸明晰，才能在成長路上積極地闖出自己的一片天地。

培養孩子
主動學習的能力

主動學習的能力，是孩子學會獨立思考的基礎，也是孩子在一生的學習中必備的技能。這種技能讓孩子掌握得越早，對孩子越有好處。

　　學習是一輩子的事。俗話說：「活到老，學到老。」現代社會日新月異，更是要求人們不斷地學習、思考和接受新的知識。而學習中，則以自學能力最為難得。談到自學，人們往往會想到愛迪生（Thomas Alva Edison）、法拉第（Michael Faraday）、瓦特（James Watt）、林肯（Abraham Lincoln）等透過自學成才的偉人。無數實例證明，即使是一個普通的自學者，只要持之以恆，也能做出一番業績。鞦韆要自己會盪，才能盪得高，盪得好；治學要會自學，才能有超越，出成就。現在，全社會都意識到教育的重要性，都在提倡改變傳統的考試教育為新時代的多元教育。讓學生自學，並透過自學提高學

習的積極力，變被動為主動。

　　然而，對於現在的小孩子來說，自學能力更別有一層深意。鑒於現實中嚴峻的考試定一生的特徵，學校教育依然難以擺脫考試教育的功利性，枯燥乏味導致學生的學習興致不高。這樣的教育方式顯然已經不能適應時代的發展，也不利於培養學生的積極力。讓孩子記得一些知識固然重要，甚至有時候是很必要的，但這樣的學習只能應付一時的考試，考試結束，書本一扔，依然是腦袋空空。更重要的是有很多知識和道理，孩子根本無法透過課堂上接觸或領悟，而這些只能靠孩子的自主體會和自我學習。

　　善於作詩的人，隨便遇到個什麼樣的情景，他都能夠做出很好的詩來；善於教育孩子的父母，也善於從生活的點點滴滴中找到教育孩子的契機，培養為孩子的自學能力的良好基礎。美國著名物理學家費曼（Richard Phillips Feynman）是個絕頂聰明的人，原因之一就是他有個善於啟發孩子自學能力的好爸爸。有一次，他爸爸帶他去郊外觀察鳥兒，這位父親指著一隻鳥兒對兒子說：「看到那隻鳥了嗎？它是一隻斯賓塞的鳴鳥。」其實這位父親並不知道鳥的真名，但他卻接著告訴自己的孩子：「……你可以知道這只鳥在各國語言中的名稱，但除此之外，你對它的情況還是一無所知。要想全面地瞭解它，你需要自己探索出更多。」也許在別的人看來，費曼的父親什麼都沒教會他，然而這位父親卻用自己的方式教給了兒子：比起弄清事物的名稱而言，弄清事物的來龍去脈和原理，才是更為重要也是更有意思的。而費曼則記住了父親的話，回家後果然查閱了多部書籍，對這種鳥做了一番全面的瞭解。由此，費曼得到的不僅僅是鳥類知識，更是寶貴的

自學能力和對陌生事物探索的積極力。

　　孩子的自學能力是與生俱來的，若非如此，他們又是怎麼學會說話，學會行走，學會自己穿衣吃飯的呢？任何人都有自學的能力，只不過很多時候，這只是作為一種潛能而存在，未曾被充分開發出來罷了。而家長需要做的，就是像費曼的父親那樣，引導孩子多花時間和心思去想想事情的原理，讓他們打從心裡喜歡這件事情，自主自願地去做，而家長扮演引導的角色，從孩子的角度出發，鼓動他們的積極力，這才是事物的根源。而不是讓孩子整天背書，把時間都花在不值得的那類學習上。學習那類知識雖然也很必要，但畢竟不是長遠之計。真正的知識不是死記硬背的結果，而是在日常生活的靈活運用和累積，只有這樣得來的知識，才會使人在學習路上更加積極地邁進。

就要積極點

積極，
是個好習慣

為孩子好，積極進取應成為一種習慣，而不是一時的現象。三分鐘熱度的積極度不可取，只有養成時時積極進取的習慣，才可能取得持續的進步，獲得非凡的成就。

人的一生雖然很長，但最為關鍵的時期卻只有短短幾年。在成就一個人的諸多因素裡，積極進取的習慣是一個重要的因素。常言道，愛護衣服要從新的時候開始，愛護名譽要從小的時候開始，培養孩子積極進取的習慣也是越早越好。

那麼，如何培養孩子積極進取的習慣呢？

首先，要善於發掘孩子的優點和長處，幫助孩子樹立起自信和自尊。也許你的孩子很會打籃球，那麼在課餘，你就可以鼓勵他多去打打籃球，甚至去學校為他的籃球比賽加油。每個人都有自尊心，這種自尊建立在自信的基礎上，也建立在外界的認同之上。這種外界的認

同可以是來自老師和家長，也可以來自同學。要使孩子養成積極進取的習慣，就必須樹立起孩子的自信和自尊，並且避免損害孩子的自尊和自信。

其次，要讓孩子擁有自豪感。不論是學習學得好，還是運動有特長，抑或是多才多藝，都足以讓人產生一種自豪感。對於孩子的這種自豪乃至驕傲，家長應該多多給予鼓勵和維護，不斷地給予肯定和指導，才有利於培養孩子的自信心，使他積極進取，勇敢地征服新的領域。遺憾的是，往往有家長認識不到這一點，心中想的不是鼓勵孩子發揮長處，而是譴責孩子的短處，這就完全弄錯方向了。這種譴責不但不利於孩子改進自己，反而澆熄了孩子對於生活懷有的熱情、對自己抱有的信心，積極力自然無從談起。

孩子大部分的時間都在學校，其主要的任務就是學習。在這種情況下，成績就變得異常重要起來。雖然成績並不能完全衡量一個人的綜合素質，但對於孩子的心理也有著很大的影響。通常一個學習成績好的孩子會得到老師較多的重視，也會得到家長的表揚、同學的羨慕，來自各方面的肯定會使他感到自己是優秀的、與眾不同的，在別的事情上也會更加用心去「力爭上游」。因此，家長也有必要督促孩子養成良好的學習習慣，取得好的成績。

總之，不但要在生活和學習上養成積極進取的習慣，在其他方面也要養成積極進取的習慣。要幫助孩子養成這種良好習慣，家長還應遵循這樣的原則：先易後難，循序漸進，讓孩子養成制訂目標的習慣，根據每一天遇到的實際情況，盡可能採取積極進取的態度去解決問題，從最簡單最容易的事情著手，逐步擴大戰果。時刻啟示他們，

作為一個生活的強者，會以什麼態度面對種種困難，會以什麼方式解決種種困難，讓他們逐漸學會控制和提高自己，用強者的態度去樂觀應對生活，承擔生命。

　　人的一生很長，要做的事很多，但千里之行始於足下，大江大海源自小流。從年幼時開始，從日常身邊小事開始，幫助孩子養成積極進取的習慣，你的孩子就能夠持續進步，走上成功之路——這是每個家長的心願，也是我們編寫本書的目的。

做個一百分父母！

　　和孩子相處時，這50招你發揮了多少了呢？讓我們來測試一下，對於孩子的積極力，你提供了幾分的幫助呢？

這招我做到了嗎？　　　　　　　　　　　　做到請打✓

第1招　愛要說出口，才叫愛　　　　　　　☐

第2招　充分尊重孩子的自主性　　　　　　☐

第3招　告訴孩子「你很重要」　　　　　　☐

第4招　告訴孩子「我永遠信任你」　　　　☐

第5招　告訴孩子：「想做，就去做」　　　☐

第6招　告訴孩子「你很棒」　　　　　　　☐

第7招　環境是積極的原動力　　　　　　　☐

第8招　競爭是前進的動力　　　　　　　　☐

第9招　親朋好友湊一腳　　　　　　　　　☐

第10招　欣賞可以創造奇蹟　　　　　　　☐

第11招　誇獎不嫌多　　　　　　　　　　☐

就要積極點

就要積極點

第42招	和孩子一起玩遊戲	☐
第43招	和孩子來一場運動「比賽」	☐
第44招	要和孩子同一國	☐
第45招	啟發孩子的想像力	☐
第46招	呵護孩子的好奇心	☐
第47招	善於發現孩子的天賦	☐
第48招	啟發孩子的創造力	☐
第49招	培養孩子主動學習的能力	☐
第50招	積極，是個好習慣	☐

　　做完測驗了嗎？現在讓我們來統計看看，想提升孩子的積極力，做為父母的你提供了多少的努力呢？

　　一招2分，滿分為100分，看看你得了幾分吧！

國家圖書館出版品預行編目資料

就要積極點！－50招讓孩子主動上道/葉青藤作
--初版--臺北市：日月文化（大好書屋），2008[民97]
208面；17×23公分--（高EQ父母17）

ISBN 978-986-6542-40-4（平裝）
1.親職教育 2.子女教育 3.親子關係 4.兒童心理學
528.2   97021283

就要積極點！－50招讓孩子主動上道

作　　　者：葉青藤
總　編　輯：胡芳芳
執行編輯：俞聖柔
封面設計：沈月蓮
版型設計：劉麗雪

董　事　長：洪祺祥
社　　　長：蕭豔秋
出　　　版：日月文化出版股份有限公司
製　　　作：大好書屋出版股份有限公司
地　　　址：台北市信義路三段151號9樓
電　　　話：(02)2708-5509　傳真：(02)2708-6157
E-mail：service@heliopolis.com.tw
日月文化網路書店網址：www.ezbooks.com.tw
郵撥帳號：19716071 日月文化出版股份有限公司
法律顧問：張靜
財務顧問：蕭聰傑
總　經　銷：大和書報圖書股份有限公司
電　　　話：(02)8990-2588
傳　　　真：(02)2299-7900、2290-1658
印　　　刷：通南彩色印刷
排　　　版：帛格有限公司
初　　　版：2008年12月
定　　　價：200元
ISBN：978-986-6542-40-4

感謝您購買 ＿＿＿＿＿＿ 就要積極點 ＿＿＿＿＿＿ （書名）
為提供完整服務與快速資訊，請詳細填寫下列資料，傳真至02-2708-5182
或免貼郵票寄回，我們將不定期提供您新書資訊及最新優惠。

1. 姓名：＿＿＿＿＿＿＿＿＿＿＿＿＿

2. 性別：□ 男　□ 女　　生日：＿＿＿ 年 ＿＿＿ 月 ＿＿＿ 日

3. 電話：(日)＿＿＿＿＿＿＿＿　(夜)＿＿＿＿＿＿＿＿
　　(手機)＿＿＿＿＿＿＿＿　(請務必填寫1種聯絡方式)

4. 地址：□□□＿＿＿＿＿＿＿＿＿＿＿＿＿＿＿＿＿＿

5. 電子信箱：＿＿＿＿＿＿＿＿＿＿＿＿＿＿＿＿＿

6. 您從何處購買本書：＿＿＿＿＿＿ 縣/市 ＿＿＿＿＿＿ 書店

7. 您的職業：□製造　□金融　□軍公教　□服務　□資訊　□傳播　□學生
　　　　　　□自由業　□其他

8. 您從何處得知這本書的消息：□書店　□網路　□報紙　□雜誌　□廣播
　　　　　　　　　　　　　□電視　□他人推薦

9. 您通常以何種方式購書：□書店　□網路　□傳真訂購　□郵政劃撥　□其他

10. 您對本書的評價：(1. 非常滿意2. 滿意3. 普通4. 不滿意5. 非常不滿意)
　　書名＿＿＿ 內容＿＿＿ 封面設計＿＿＿ 版面編排＿＿＿ 文/譯筆＿＿＿

11. 請給我們建議：
　＿＿＿＿＿＿＿＿＿＿＿＿＿＿＿＿＿＿＿＿＿＿＿＿
　＿＿＿＿＿＿＿＿＿＿＿＿＿＿＿＿＿＿＿＿＿＿＿＿

生命，因閱讀而大好！

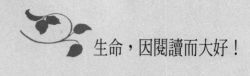
生命，因閱讀而大好！